Heide Bergmann / Ursel Bühring / Andrea Groß

Kleine grüne Wunder

Heide Bergmann/Ursel Bühring/Andrea Groß

# Kleine grüne Wunder

Mit Kindern die Natur entdecken

Illustrationen von Gertrud Schrör

Herder Freiburg · Basel · Wien

*Herzlichen Dank an:*

Frau Ute Voigt, Apothekerin, und Herrn Dr. J.W. Bammert, Botaniker,
Dirk Kron von der Freiburger Ökostation, Susanne Spiegelhalter
und Harald Buns vom Botanischen Garten, Freiburg,
sowie an Kornelia Kontzi, Anne und Lucia Martin.

Gedruckt auf umweltfreundlichem,
chlorfrei gebleichtem Papier

Fotos:
Einband: Hartmut W. Schmidt, Freiburg
Innentext: Heide Bergmann: S. 11, 30, 44, 69, 87, 89
Ursel Bühring: S. 26, 35, 48, 50, 55, 79, 116, 138, 143, 152
Hartmut W. Schmidt: S. 101
Jutta Schneider: S. 131

# Inhalt

# Vorwort

Eine Stubenfliege spaziert kopfüber an der Zimmerdecke, eine Balkonblume verrät uns, wie das Wetter heute wird, der rauschende Kastanienbaum vorm Haus erzählt Geschichten - die Welt ist voller Geheimnisse, für uns alle. Wir brauchen nicht weit zu gehen, um Vorgänge in der Natur zu beobachten, die so rätselhaft und spannend sind, daß sie uns in ihren Bann schlagen. Und wer einmal die Sinne dafür geöffnet hat, entdeckt immer wieder Neues.

Es muß nicht die große Natur weit draußen sein, bereits ein paar Sträucher hinterm Haus, ein Straßenbaum oder Kletterpflanzen auf dem Balkon locken z.B. Vögel an. Nicht nur Tauben und Spatzen, nein, schon beim Schreiben dieser Zeilen konnten wir vom Schreibtisch einer Stadtwohnung aus Mauersegler, Gartenrotschwänzchen und einen Sperber beobachten. Wo mögen die Zugvögel den Winter verbracht haben? Und wo sind die laut schwatzenden Krähen, die uns den ganzen Winter begleitet haben, jetzt im Sommer?

Die Natur ist überraschend und vielfältig, selbst zwischen Häusermauern. Dort, wo nicht übertrieben geplant wurde - auf dem Schotterplatz, hinter dem alten Schuppen, zwischen Heckenpflanzen, in naturnahen Gärten -, beginnt der Großstadtdschungel: Schöllkraut, Hopfen, Brennessel, Löwenzahn und Spitzwegerich findet man hier. Pflanzen, denen wir mit dem Wort Unkraut nicht gerecht werden, denn sie besitzen wahre Zauberkräfte und halten einen Sack voll Geschichten für uns bereit.

Mit diesem Buch wollen wir den Blick auf die alltägliche, kleine Wunderwelt lenken. Haben Sie sich schon einmal mit Kindern auf die Lauer gelegt, um Raupen und Käfer im "Gasthaus zur Brennessel" zu beobachten? Haben Sie schon einmal erlebt, wie sich die leuchtenden Blüten der Nachtkerze an einem Sommerabend in Sekundenschnelle öffnen? Da bietet uns die Natur eine einzigartige und verzaubernde Vorstellung, manchmal sogar ganz in unserer Nähe. Es gibt aber nicht nur packende Naturschauspiele zu sehen, Eltern können mit Kindern auch selber aktiv werden, um die direkte Umwelt in ihrem Wohnviertel lebensfreundlich zu gestalten. Greifen wir zu Hacke und Spaten! Dort, wo uns bisher noch kurzgeschorener Rasen langweilte, können sich bald Kind, Hummel und Schmetterling an bunten Blumen erfreuen. Mit ein bißchen Eigeninitiative und wenig Geld schaffen Bewohner kleine ökologische Paradiese und finden Kinder ihre Abenteuerecken. Selbst auf kleinstem Raum können wir mit Kindern das Wachsen, Gedeihen und Ernten erleben. Da werden ein Balkonkübel mit Tomaten oder eine Kartoffelpflanze in einem alten, ausgedienten Putzeimer zum Eldorado für stolze Gärtnerherzen. Und wie anders schmecken doch das selbstgezogene Gemüse, die kleinen Erdbeeren und die würzigen Kräuter vom Fenstersims! Gegen die saftigen Maiskolben Marke Eigenbau, die Zuckertomaten oder gar die Rösti aus eigenen Kartoffeln sehen selbst Pommes mit Ketchup alt aus. Und erst der Salat mit Kapuzinerkresseblüten, das Brutterbrot mit Gänseblümchen ... Diese Minigärten bescheren uns Gaumenfreuden und Balsam für die Seele in einem. Und nicht nur das.

Gemeinsames Gärtnern mit Kindern zeigt nicht nur, wie Natur "funktioniert". Wir entdecken unsere Sinne, werden aufmerksamer und neugierig und gliedern uns ein kleines Stück in die Natur ein. Das gibt Mut und Selbstvertrauen. Der bunte Kern einer Feuerbohne ist uns ein Lehrmeister. Wir beobachten, wie er keimt, Wurzeln treibt, Blatt, Sproß und Blüte hervorbringt, aus der dann Früchte werden. Das ist ein tolles Lehrstück von vitaler Energie und Wandlung. Diese Pflanze ist vielgestaltig, hält stets Neues bereit und ist doch beständig in ihrer Entwicklung bis hin zur Samenreife und zum Welken. Kinder werden dabei angeregt, Fragen zu stellen, um ihre Neugierde zu befriedigen. Sie sind herausgefordert, sich an dem Fremden und Unbekannten zu erproben, und erleben den Erfolg durch ihr eigenes Tun. Naturerlebnisse in der Kindheit sind von elementarer Bedeutung und können einen Menschen "erden".

Wir möchten mit diesem Buch Eltern und Kinder zu einer Entdeckungsreise einladen. Sie führt, gleichsam symbolisch, von innen nach außen und beginnt in der Wohnung, dem nächsten Umfeld. Weiter geht's vom Fenster zum Balkon, hinaus in das Wohnumfeld vor und hinter dem Haus und zum Garten. Schließlich befinden wir uns unterwegs, um die weitere Natur zu erkunden.

Wir wollen zu gemeinsamen Aktionen einladen, die Spaß machen und Neugierde und Wissensdurst wecken, mehr darüber zu erfahren. Die Fakten sind spannend verpackt, so daß sie auch Kindern gut vermittelt werden können. Wir wollen zeigen, wie Naturerfahrung mit Kindern im Alltag möglich ist. Die Themen sind so ausgewählt, daß sich Familien, die in der Stadt wohnen, genausogut in ihnen wiederfinden können wie entdeckungsfreudige Naturliebhaber. Auch wer keinen Garten und keinen Balkon zur Verfügung hat, kann sich von diesem Buch anregen lassen.

Sie finden Anleitungen für kleine Experimente, Bastelanregungen, Küchenrezepte und Spiele sowie Wissenswertes und Hintergrundinformationen über einzelne Pflanzen und Tiere. Die praktischen Anleitungen sind so gewählt, daß sie mit einfachen Mitteln und wenig Geld von jedem durchgeführt werden können. Daneben finden sich Geschichten und Märchen, die sich zum Vorlesen eignen oder von etwas älteren Kindern selber gelesen werden können. Die verschiedenen Textarten sind durch Piktogramme gekennzeichnet und können so leicht unterschieden werden. Sie haben folgende Bedeutung:

Vorlesen

So wird's gemacht

Beobachtungen

Sammeln

Medizin
Tees
Heilkräuter

Gärtnern

Kochrezepte

Giftpflanzen

Spiele

Dieses Buch ist das Ergebnis unserer langjährigen Arbeit in der Freiburger Ökostation. In den vielen Kursen mit Kindergruppen und Schulklassen, mit Eltern, ErzieherInnen und LehrerInnen haben wir erfahren, wie Umweltpädagogik an ganz konkreten Beispielen umsetzbar ist. Wir wünschen Ihnen bei der Lektüre und beim Ausprobieren, daß Sie mit Kindern gemeinsam der Natur wieder ein Stück näher kommen und ihr mit Witz, Phantasie und Neugierde begegnen.

*Die Autorinnen*

# 1. In der Wohnung

Naturerfahrung für kleine und große Städter beginnt nicht zwangs-
läufig mit einem Ausflug ins Grüne oder einer „Fahrt ins Blaue".
Natur beginnt nicht draußen oder irgendwo anders, sondern in uns.
Wir selbst sind Teil der Natur, mit der wir uns vertraut machen und
in der wir uns zu Hause fühlen können. Umgekehrt wollen wir ein
Zuhause, das unserer Natur entspricht und wo wir uns wohlfühlen.
Gerade heute, wo Kinder ständig wechselnden Eindrücken ausge-
setzt sind, wo das Draußenspielen nicht mehr so ohne weiteres mög-
lich ist, bedeutet die Wohnung einmal mehr fester Bezugspunkt und
Geborgenheit.

Doch langweilig muß es in den vertrauten vier Wänden nicht werden. Sogar hier sind spannende Naturbeobachtungen möglich, wenn
wir die Augen dafür offen haben. Statt uns von Naturbildern aus
zweiter Hand vom Fernseher in Bann schlagen zu lassen, brechen
wir zu einer Expedition ins Reich der Stubenfliege auf, und zwar live
vom Küchenhocker aus. Welche Farbe haben eigentlich Fliegenau-
gen, wie entrinnt sie dem Spinnennetz in der Ecke und warum landet
sie immer zielstrebig auf meinem Marmeladenbrot?

Naturvorgänge können wir in unserer ganz unmittelbaren Umgebung beobachten. Dazu braucht es nicht viel. Ein Samenkorn in die
Erde stecken und schauen, was sich daraus entwickelt, ist zum Beispiel ein spannender Prozeß. Samenkörner sind ein Wunder der Natur. Diese kleinen, energiegeladenen Kraftpakete tragen den kom-
pletten Bauplan für die zukünftige Pflanze schon in sich. Die wertvollen, vitaminreichen Inhaltsstoffe von Sprossen und Keimlingen
bieten uns im Winter eine wichtige Nahrungsergänzung. Auch Kresse keimen zu lassen, ist keine Zauberei. Die frischen, würzigen
Sprößlinge haben es wirklich in sich und sind sogar ein originelles
Geburtstagsgeschenk.

Natürlich können wir uns auch ein Stück Natur in die Wohnung
hereinholen. Blumen und Kräuter werden getrocknet, und die vielen
Fundstücke von Spaziergängen können wir zum Spielen und Basteln
verwenden. Aus Blüten und Früchten, Blättern und Ranken entstehen Türkränze, Bilder, Potpouris, Spiele, Badesäckchen, Kräuterkissen oder kandierte Blüten. Ob wohlriechende, heilsame oder einfach
nur schöne Dinge dabei entstehen – die Pflanzenwerkstatt zu Hause
regt die Phantasie von Kindern und Erwachsenen gleichermaßen an.
Sie macht neugierig auf Natur und dabei nähern wir uns ihr wieder
ein Stück weit an.

## 1.1. Sprossen und Keimlinge – Kraftfutter für Wintermüde

Im Winter gibt es wenig einheimisches Gemüse, trotzdem möchten wir gerne etwas Knackiges, Vitaminreiches, „Grünes" genießen. Besonders für Kinder ist so ein Vitaminschub wichtig. Aber Tomaten, die zwar rot sind, doch nach nichts schmecken, Treibhaussalat, der vielfach gespritzt ist, und Paprikas, die aus Neuseeland über den halben Globus zu uns transportiert werden, sind wenig vertrauenserweckend.

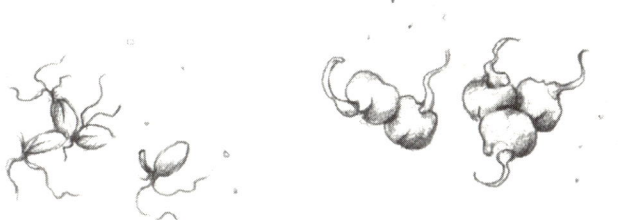

Es gibt aber einen Trick, durch den wir eine Handvoll trockener Krümel in eine Schüssel mit Salatpflänzchen verwandeln können: Wenn Samen und Körner mit Wasser in Berührung kommen, fangen sie an zu keimen. Keimlinge können uns im Winter helfen – ganz ohne Treibhaussalat und andere teure Gemüsen –, unseren Vitaminbedarf zu decken. Bei keinem anderen Gemüse können wir so sicher sein, etwas Unverfälschtes vor uns zu haben – und den Kindern macht es immer Spaß, zuzuschauen, wie aus den Samen kleine Pflänzchen sprießen. Mit Spannung wird der große Augenblick erwartet: Spätestens am zweiten Tag schaut die winzige Wurzelspitze aus dem Samenkorn, und kaum sind die Blättchen zu sehen, kann auch schon geerntet werden.

Alle Samen sind kleine Kraftpakete, auch wenn man ihnen das nicht unbedingt ansieht. Von außen können wir nichts von den Wundern sehen, die in ihnen stecken. Aber ob Bohnen, Kressesamen oder Weizenkorn – in jedem Samen befindet sich eine Minipflanze im Ruhestadium, geschützt vor Hitze, Kälte und anderen Gefahren. Mit einem Nahrungsvorrat, der fast den gesamten Platz für sich beansprucht.

Erst wenn die Samen mit Wasser in Berührung kommen, geschieht das Wunderbare: Der Same quillt auf und erwacht zu neuem Leben. Jetzt passiert ganz viel, ohne daß wir etwas davon sehen können. Die Vorratskammern werden geplündert. Die Speicherstoffe verwandeln sich in für die Pflanze verwertbare Stoffe und dienen dem Wachstum des kleinen Pflänzchens. Vitamine werden in ungeheuren Mengen gebildet. So viel, das selbst unser Sommergemüse neidisch werden könnte!

Ganz besonders einfach ist es mit Sonnenblumenkernen. Die können auch kleine Kinder schon alleine ansetzen. Abends wird einfach eine Tasse halb voll mit Sonnenblumenkernen gefüllt, Wasser bis zum Rand zugegeben und über Nacht stehengelassen. Hier warten wir aber nicht, bis sich Pflänzchen gebildet haben. Schon am nächsten Morgen können die Sprossen geerntet werden. Die Keimspitze, die auch schon bei den trockenen Kernen zu sehen ist, ist in dieser Zeit immerhin einen Millimeter länger geworden. Die Sprossen werden über einem Sieb abschüttet, nochmals mit Wasser gewaschen und abgetropft. Im Müsli, Joghurt oder einfach so: Diese Keime sind köstlich süß, knackig und auch noch gesund!

Wollen wir die Samen zu richtigen Keimlingen wachsen lassen, ist etwas mehr Aufwand nötig.

Wir brauchen Samen, die für Anfänger besonders geeignet sind wie Luzerne (Alfalfa), Linsen und Weizen. Die Samen werden am besten im Bioladen oder im Reformhaus besorgt. Kein gespritztes Saatgut verwenden. Außerdem benötigen wir noch ein Einmachglas, Fliegennetzgitter aus Kunststoff und einen Gummiring.

Etwa zwei bis drei Eßlöffel Samen werden in das Einmachglas gefüllt, mit Leitungswasser übergossen und über Nacht stehen gelassen. Am Morgen spannen wir das Fliegengitter mit Hilfe des Gummirings über das Einmachglas und gießen das Wasser dadurch ab. Die Samen werden jetzt jeden Morgen und Abend mit Wasser gespült und die Einmachgläser mit der Öffnung nach unten zum Beispiel auf das Abtropfgestell in der Küche gestellt. Je nach Samenart brauchen die Keimlinge bis zu fünf Tage zum Keimen.

Die Sprossen können jetzt ganz nach Belieben verwendet werden. Alle oben genannten Samen können als Sprossen frisch in den Salat gegeben werden. Weizenkeimlinge sind, ihrer Süße wegen, ein prima Müslizusatz. Linsenkeimlinge können auch gedünstet und als Gemüse zubereitet werden.

Nach einem „Probedurchlauf" können sie mit ihrem Kind auch andere Keimlinge ausprobieren, um ihre Lieblingssprossen zu entdecken. Kichererbsen, Mungobohnen und Rettichsamen lohnen sich ebenfalls. Auch andere Körner (Roggen, Gerste, Nackthafer) eignen sich als Keimlinge. Das alles ist natürlich nicht nur im Winter möglich. Das ganze Jahr über kann die Ernte stattfinden!

**Sprossen-Brote**
Hierzu eignen sich besonders Luzernesprossen, mit denen eine gebutterte Scheibe Brot dick belegt wird. Darauf wird eine der beiden Soßen gegeben. Die Rezepte sind für vier Personen berechnet.

**Knoblauchsoße**
Zwei Becher Joghurt (300 g) werden cremig gerührt und mit Salz und Pfeffer gewürzt. Jetzt wird eine Zehe Knoblauch (oder auch mehr) zerdrückt und zugegeben. Frische Kräuter wie Schnittlauch, Petersilie und Bärlauch passen auch gut in die Soße.

**Currysoße**
Das Fruchtfleisch von zwei Orangen wird mit vier Eßlöffeln süßer Sahne vermischt und mit Curry, Pfeffer und Salz gewürzt.

Tip   Wie gut ist der Boden?
Pflanzen können zeigen, wie hochwertig ein Boden ist. Auch dazu können Keimlinge verwendet werden. Dazu wird z.B. Kresse ausgesät und ihr Wachstum beobachtet. Wächst sie schlecht oder gar nicht, ist dies ein Hinweis darauf, daß der Boden nicht geeignet für Pflanzen ist. Sie können es selbst einmal ausprobieren, indem sie mit den Kindern verschiedene Böden vergleichen. Zum Beispiel reiner Sand, Gartenerde und Humus. Man kann auch die Kothäufchen von Regenwürmern sammeln und untersuchen. Diese Häufchen werden zu gleichen Mengen in Untersetzer gefüllt, mit Kresse bestreut und regelmäßig gegossen. Dort, wo die Kresse am besten wächst, befindet sich die beste Erde.

## 1.2. Geburtstagsüberraschung mit Kresse

Sie können auch mit ihren Kindern aus Kresse Geburtstagsdekorationen herstellen. Kressesamen, Baumwollwatte, ein Teller oder rundes Tablett, Pappkarton, Schere und Bleistift sind alles, was wir für unsere Gartenwerkstatt brauchen. Den Teller oder das Tablett legen wir mit gut angefeuchteter Baumwollwatte aus. Dann schneiden wir aus der Pappe das aus, was später aus Kresse wachsen soll. Entweder eine Schrift „Für Oma" oder ein Herz oder eine andere, einfache Form. Diese Schablone wird auf den Teller gelegt und der Kressesamen darauf ziemlich dicht ausgesät. Wir drücken den Samen vorsichtig fest und befeuchten ihn mit einem Sprühfläschchen. Nicht vergessen! Die Kresse ist ein Lichtkeimer, also darf die Aussaat nicht bedeckt werden und sollte möglichst hell stehen, z.B. am Fensterbrett. Nach etwa 10 Tagen ist die Schrift oder das Herzchen grün gewachsen. Auf dem Geburtstagstisch ist der Kresse-Gruß eine originelle Überraschung und kann anschließend zu Quarkbroten verzehrt werden. Bei Kindergeburtstagen können wir die Namen der eingeladenen Kinder mit Kresse auf Kuchenteller schreiben und auf den jeweiligen Platz am Tisch stellen.

## 1.3. Badespaß mit Blüten und Blättern

Baden macht Spaß. Heutzutage werden für das Badevergnügen duftende und wunderbar farbige Schaumbäder angeboten. Doch allzuhäufig sind diese mit einer Vielzahl von Zusatz-, Farb- und Konservierungsstoffen angereichert, die Unverträglichkeiten auslösen können. Es geht aber auch anders. Mischen Sie sich doch mit Ihren Kindern Ihre eigene Bademischung aus selbst gesammelten Pflanzen. Dann wissen Sie nicht nur, was drin ist und was nicht, sondern auch, ob es müde macht, wach, schön oder gesund. Die Pflanzen für das „Baden in Blumen" können Sie mit den Kindern zusammen von Balkon und Garten, von der Wiese oder am Waldrand sammeln und so im Sommer für den Winter sorgen. Das ist Naturerfahrung im Alltag. Wer selbst Schätze aus der Natur zusammenträgt, erlebt Wachsen – Gedeihen – Blühen und Fruchten aktiv und bewußt mit und nimmt das Geschenk der Natur an uns in einem ihrer schönsten Sinne wahr: Er schwimmt in ihr. Auch so können sich Kreisläufe verstehen lassen. Natürlich muß man die Pflanzen und ihre Wirkung zuerst kennenlernen und ein wenig über das Sammeln erfahren.

### „Badepflanzen" und ihre Wirkung

Infos  *Gänseblümchenblüten und -blätter:* bei trockener, zu Ekzemen neigender Haut;
*Rosenblütenblätter:* als Duftbeigabe, strafft und pflegt die Haut;
*Blütenblätter der Ringelblumen:* wundheilungsfördernd, entzündungshemmend;

*Pfefferminzblätter:* erfrischend (nicht für Säuglinge verwenden und nicht für Menschen, die sich in homöopathischer Behandlung befinden);

*Melissenblätter:* beruhigend, entspannend bei Streß und Nervosität;

*Malvenblüten und -blätter:* gut für trockene, empfindliche Haut;

*Thymian* (blühendes Kraut): krampflösend, vorbeugend und heilsam bei Erkältungen, sehr wirksam bei Krampfhusten (aber Achtung: erst für Kinder ab 3 Jahren!);

*Lavendelblüten:* entspannend, nervenstärkend;

*Holunderblüten:* stoffwechselfördernd, schweißtreibend, zur Vorbeugung bei Erkältungen;

*Lindenblüten und Holunderblüten:* schweißtreibend, gegen Fieber und Erkältungen, außerdem als Lindenblütenbad ein wunderbares Einschlafmittel, vor allem für Kinder und ältere Leute;

*Hopfenzapfen:* beruhigend, schlaffördernd, hautpflegend.

**Tips für Bademischungen**

*Hautbad:* Ringelblume, Gänseblümchen, Rose, Malve;

*Duftbad:* Rose, Zitronenmelisse, Holunderblüten;

*Erkältungsbad:* Thymian, Holunder- und Lindenblüten;

*Schlummerbad:* Hopfen, Lavendel, Zitronenmelisse, Lindenblüten

*Das Bad zum Wachwerden:* Rosmarin, Thymian, Rose, Ringelblume.

**Das „Wiesenbad"**

Eine Mischung von frischen Blüten und Blättern vom Balkonkasten oder von der Wiese direkt ins heiße Badewasser streuen. Für ein Kinderbad eine Handvoll, für ein Vollbad fünf Handvoll Kräuter. Nach dem Baden mit einem Sieb die Kräuter herausfischen.

**Das „Blumenteebad"**

Für Kinder 20 g getrocknete Kräuter mit 1 l kochendem Wasser überbrühen und für ein Vollbad 100–200 g getrocknete Kräuter mit 2 l kochendem Wasser überbrühen. Bei geschlossenem Deckel 10 Minuten ziehen lassen, abseihen und diesen „Tee" dem Badewasser zugeben.

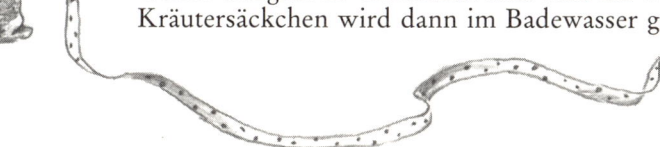

**Das Badesäckchen**

Eine Mischung von getrockneten Kräutern und Blüten in ein durchlässiges Säckchen füllen (Windelstoff eignet sich gut dazu), mit einem langen Band zubinden und am Band in das heiße einlaufende Wasser hängen. So entwickelt sich bald ein wunderbarer Duft. Das Kräutersäckchen wird dann im Badewasser gut ausgedrückt, damit

17

die heilenden Inhaltsstoffe frei werden.

Solche Badesäckchen können auch Kinder ganz einfach machen, und sie sind ein schönes Geschenk:
Ein Stück Stoff zur Hälfte zusammenlegen, an zwei Seiten zunähen und die Kräuter einfüllen. Oben mit einem langen Bändel gut verschließen.
Man kann auch einfach ein hübsches Stofftaschentuch dazu nehmen und wie einen Tabakbeutel zubinden.

### Wo gibt es Badeblumen?

Fast alle „Badepflanzen" können im Garten, im Topf vor dem Fenster oder auf dem Balkon gezogen werden: z.B. ein Duftrosenstöckchen, Thymian, Lavendel, Ringelblume, Zitronenmelisse oder Pfefferminze. Einen genügend großen Topf wählen und öfter ernten. Kinder lieben vor allem die Zitronenmelisse, die problemlos und üppig gedeiht. Das ist gut so, denn für ein einziges Bad wird doch eine ganze Menge benötigt.

Holunderblüten, Gänseblümchen, Malve und andere können auf einem Spaziergang gesammelt werden. Natürlich gibt es die Pflanzen auch in der Apotheke oder im Naturkostladen. Zu Hause werden alle gesammelten Blätter und Blüten im Schatten luftig und gründlich getrocknet und in hübsche Schachteln verpackt. Wenn Badezeit ist, werden diese Schatzkästchen geöffnet und können mitten im Winter an sommerliche Wiesen erinnern.

Ein paar Tips zum Sammeln:
– Nur sammeln, was Sie wirklich kennen;
– ein Bestimmungsbuch gehört zur „Ausrüstung". Achtung, denken Sie auch an Giftpflanzen! (siehe Literaturliste)
– Vielleicht haben Sie Lust, einmal an einer Exkursion teilzunehmen, die von einer Ökostation oder Volkshochschule angeboten wird;
– behutsam sammeln, ohne den Bestand der Pflanze zu gefährden. Von jeder Pflanze jeweils nur wenige, einwandfrei saubere und gesunde Blüten oder Blätter pflücken;
– möglichst nur mit Schere oder Messer ernten, damit die Pflanzen nicht ausgerissen werden;
– das Sammelgut in Papiertüten, Leinentaschen oder Körben aufbewahren, keinesfalls in Plastiktüten.

Geeignete Sammelorte:
– der eigene Garten;
– Waldlichtungen, naturbelassenen Feldraine, Ufergebiete naturbe-
  lassener Bäche und Flüsse;
– Landschaftsschutzgebiete (sind in Stadtkarten eingetragen).

Hier sollte auf keinen Fall gesammelt werden:
– an Straßen oder viel begangenen Wegen (Hunde!);
– im Naturschutzgebiet (verboten!);
– mitten in einer Nutzwiese (Das will der Landwirt nicht.);
– auf Äckern, auf denen mit Gift gespritzt wird.

*Eine Badegeschichte*

*War das ein heißer Tag heute! Gabi und Ursel haben den ganzen Nachmittag draußen auf der Wiese gespielt und sind durstig, hung-rig, schmutzig und – nein, müde natürlich überhaupt nicht. Denn heute abend darf Gabi das erste Mal bei Ursel übernachten. Das wird aufregend! Wenn die anderen wüßten, was sie noch alles unter-nehmen wollen, nachts, wenn alle schlafen. Natürlich möchten sie lange, lange aufbleiben, bis zum Morgen vielleicht oder auf alle Fäl-le bis Mitternacht. Mitternacht ist Geisterstunde, sagt Ursels großer Bruder ...*

*„Ach, du meine Güte, wie seht ihr denn aus!" ruft Ursels Mutter, als die Kinder in der Tür erscheinen, „ab in die Badewanne!"*

*Ursels Mutter läßt das warme Wasser einlaufen, geht in die Küche, um „Tee" zu machen, und kommt dann mit einem großen dampfen-den Topf zurück. „Hier, euer Badezusatz", sagt sie und schüttet eine grüne Brühe ins Badewasser. „Hm, das riecht aber gut! Was ist denn das?" fragt Gabi. Ursel lacht. „Das ist Blumentee, der kommt bei uns immer in die Badewanne." Und Ursels Mutter erklärt: „Weißt du, viele Pflanzen sind gesund und können heilen, auch im Bad. Im heißen Wasser entfalten sie einen herrlichen Duft und pflegen die Haut. Ein Badezusatz ohne Schaum und selbst gesammelt." „Und was ist in diesem grünen Badetee drin?" will Gabi wissen. „Ich habe erfrischende Pfefferminzblätter aufgebrüht, weil es heute so heiß war, und ich habe Melisse und Lavendel dazugegeben, damit ihr nachher gut schlafen könnt. Und weil Ursel so eine empfindliche Haut hat, gebe ich immer auch Ringelblumen und Gänseblümchen dazu. Und jetzt steigt schnell ins Bad, sonst wird das Wasser noch kalt."*

*Mit diesem Blätter- und Blütentee gab das einen tollen Badespaß.*

Jetzt will Gabi zu Hause natürlich auch immer in Tee baden. Und so muß Ursels Mutter den Eltern von Gabi alles über die Badeheilpflanzen erzählen: daß Thymian, Holunder- und Lindenblüten im Bad gut gegen Erkältung sind und daß ihre Tochter am liebsten in duftenden Rosenblüten badet wie einst Cleopatra, die ägyptische Königin. Sie erzählt auch vom Badekult der alten Römer, die gerne in Lavendel badeten, dem bekanntesten Badekraut. „Lavare" heißt auf lateinisch waschen, und das hat dem Lavendel den Namen gegeben.

„Aber Spaß macht nicht nur das Baden, sondern auch das Sammeln", sagt Gabis Mutter. Und so ziehen die Kinder mit ihren Eltern einmal los, um auf Wiesen, am nahen Waldrand und im Garten die heilsamen Badekräuter zu sammeln: Gänseblümchen und rankenden Hopfen, Holunderblüten und wildes Thymiankraut und außerdem Ringelblumenblüten und Pfefferminzblätter aus dem Garten – ein ganzer Korb voll heilsamer Badekräuter.

## 1.4. Wenn Fliegen hinter Fliegen fliegen …

Expedition ins Tierreich – vom Küchenstuhl aus. Wer mit Kindern Tiere beobachten will, braucht nicht in den Zoo zu fahren. Es ist nicht mal nötig, den Fuß vor die Tür zu setzen. Wir brauchen gar nicht erst lange nach einem Tier zu suchen, es drängt sich uns geradezu auf: die große Stubenfliege.

Wir aber wollen ihre Anhänglichkeit nutzen, um uns ein wenig mit ihr bekannt zu machen. Zugegeben – für Erwachsene ist etwas Überwindung notwendig, um genauer hinzuschauen, aber es ist wichtig, sich vor Kindern um einen vorurteilsfreien Blick auf alles Lebendige zu bemühen.

Auffällig sind zunächst einmal ihre akrobatischen Meisterleistungen: Ein Flug auf dem Rücken? Kein Problem! Purzelbäume in der Luft? Na klar! Haken schlagen in atemberaubender Abfolge? Gehört dazu! Nur Geschwindigkeitsrekorde werden keine gebrochen. Die Stubenfliege kommt nicht schneller voran als ein sehr langsamer Jogger. Die Flügel selbst bewegen sich allerdings mit unglaublicher Geschwindigkeit: Mehr als 200mal pro Sekunde bewegen sie sich auf und ab. Da könnte selbst der Kolibri neidisch werden, der mit bis zu 50 Flügelschlägen in der Sekunde der Rekordhalter bei den Vögeln ist.

Obwohl die Fliege so langsam ist, fällt es schwer, sie ununterbro-

chen eine Zeitlang zu verfolgen, denn sie bleibt nicht lange sitzen. Sie ist immer auf der Suche nach einem neuen Plätzchen und nimmt sich zwischendurch nur einmal die Zeit, gründlich ihre Beine, den Kopf und die Flügel zu putzen. Man kann zuschauen, wie die Fliege, kaum ist sie gelandet, ihren eingeklappten Rüssel ausfährt und den Untergrund abtupft. Es scheint so, als ob sie tastend den Landeplatz auf Nahrung prüft. Sie hat jedoch schon kurz vorher wichtige Informationen darüber erhalten, denn Fliegen schmecken mit den Füßen. Die Augen erblicken zwar alles, aber nicht besonders scharf. So kann es sein, daß sie zufällig in den heißbegehrten Marmeladeklecks stolpert. Der praktische Rüssel dient vor allem der Aufnahme zuckriger, flüssiger Nahrung. Auf feste Zuckerkörnchen spuckt sie Flüssigkeit und löst sie so auf. Und gerade weil sie so gerne in unseren Wohnungen „herumspu(c)kt", ist sie dort nicht besonders gerne gesehen. Denn dadurch können Keime übertragen werden. Dies ist bei uns zwar unappetitlich, aber nicht weiter gefährlich, denn die Anzahl und Gefährlichkeit der Keime hängt weitgehend vom Lebensraum der Fliege ab. Zum Problem werden sie nur dort, wo unhygienische Verhältnisse herrschen.

Der Spruch „Wenn Fliegen hinter Fliegen fliegen", beschreibt übrigens eine Tatsache. Fliegen fliegen tatsächlich hinter ihren Artgenossen her.

Man kann oft beobachten, wie eine Fliege auf der Zimmerdecke landet. Wie macht sie das nur, ohne herunterzufallen? Sie hat eine Art Uhu unter ihren Füßen, mit dessen Hilfe sie an der Wand klebt. Zusätzlich helfen ihr Krallen, sicheren Halt zu finden. Verwunderlich ist da nur, daß sie die Zimmerdecke so schnell wieder verlassen kann und nicht einfach „festpappt". Aber das ist eines der unergründlichen Fliegengeheimnisse.

Besser erforscht ist die Entwicklung der Fliegen. Unter guten Bedingungen kann nämlich eine einzige Stubenfliege bis zu 1000 Eier legen. Daraus entwickeln sich sehr schnell weitere Fliegen, die wiederum Eier legen. Würde dies immer so weiter gehen, hätte eine Stubenfliege von April bis Mai so viele Nachkommen, daß Deutschland von einem Fliegenteppich bedeckt wäre. Der wäre so hoch, daß nur unsere Hausdächer herausragen würden. Ein großer Teil der Fliegeneier vertrocknet jedoch, erfriert oder wird gefressen. Auch ausgewachsene Fliegen haben viele Feinde. Sie werden z.B. von Vögeln, Spinnen und vielen anderen Insektenfressern gerne verspeist. Die meisten werden im Herbst durch einen Fliegenschimmelpilz, der sie innerlich auffrißt, getötet. Um die toten Fliegen kann man dann einen weißen Schimmer, das sind die Pilzsporen, erkennen.

Die größten Fliegengeheimnisse konnte die Wissenschaft bisher nicht enthüllen. Warum findet sich eine verscheuchte Fliege z.B. immer genau an dem Platz ein, von dem wir sie gerade vertrieben haben? Das Zeichen Fliege bedeutet tatsächlich in der Bilderschrift des alten Ägypten Unverschämtheit – ein durchaus passendes Bild.

## 1.5. Zauberei mit Blüten

*Süße Blüten*

*Morgen hat Martina Geburtstag. Sie ist schon ganz aufgeregt. „Mama, hast du den Schokoladenkuchen gebacken? Mama, was soll ich anziehen? Mama, kommt die Sabine auch? Mama?"*

*Frau Meier seufzt. „Ja, Martina, es ist alles gerichtet, das bunte Kleid hängt schon am Schrank, und die Sabine kommt auch. Sie hat vorhin angerufen." „Juhu!" Sabine ist Martinas große Schwester, die schon nicht mehr in die Schule geht. Sie macht eine Gärtnerlehre. Sabine hat braune kurze Haare, lustige Grübchen im Gesicht und trägt immer verwaschene Jeans. Sie hat oft die lustigsten Ideen, erfindet tolle Spiele, und seit sie nicht mehr zu Hause wohnt, haben sich Martina und Sabine nie mehr gestritten.*

*Frau Meier ist froh, daß Sabine kommt, denn Kindergeburtstage sind ganz schön anstrengend. Da kann Sabine sie ruhig etwas entlasten.*

*Sabine, die Gärtnerin, hat zum Schluß eine Überraschung vorbereitet, etwas ganz Besonderes. „Wascht euch mal die Hände und kommt dann an den Küchentisch." Da liegen an jedem Platz Löffel, Pinsel und ein Stück Butterbrotpapier, bestreut mit feinem Kristallzucker. Daneben stehen Schälchen mit Eiweißwasser, Schüsselchen mit Zucker und eine große Schale voll Blüten und Blättern bereit. „Sieht ja aus wie bei Schneewittchen", sagt Eva, die Kleinste.*

*„Nein, ihr dürft jetzt zaubern lernen. Diese Blüten sollen einen Mantel aus Eiweiß und Zucker bekommen, so daß sie immer frisch bleiben, für ein Jahr oder mehr. Das macht der Zaubermantel aus Eiweiß und Zucker. Man nennt das Kandieren." Alle setzen sich hin. Eva stupst ihren Finger in den Zucker auf dem Pergamentpapier. „Halt, nicht aufschlecken, das wird noch gebraucht. Kommt, wir probieren es aus."*

*Sabine zeigt, wie es geht. Sie nimmt ein glattes Pfefferminzblättchen, tunkt den Pinsel ins Eiweißwasser und bestreicht vorsichtig das Blatt von beiden Seiten. Dann bestreut sie es mit Zucker und legt es aufs Papier. Das ist ebenfalls mit Zucker bestreut, damit die ei-*

*weißnassen Blätter nicht am Papier festkleben. „So, fertig ist das erste Blättchen." Still und eifrig macht es die Geburtstagsgesellschaft nach. Und am Ende von Sabines Zauberstunde gibt's die ersten „Versucherle": kandierte Pfefferminzblätter, die kühl auf der Zunge zergehen, Gänseblümchen im Zuckermantel und Veilchen und Ringelblumen, die durch den glitzernden Kristallzucker leuchten.*

*„Aber eßt nicht alles auf", sagt Sabine, „damit ihr von diesen Sommerträumen, die auf der Zunge zergehen, auch noch etwas zu Weihnachten habt."*

Schon vor 2000 Jahren haben Menschen eßbare Blüten kandiert, um die bunten Farben und Düfte des Sommers einzufangen und für die kältere Jahreszeit zu bewahren. Die alten Römer liebten kandierte Veilchenblüten, Kostbarkeiten, die man einfach so knabbern kann oder mit denen sich Kuchen und Nachspeisen verzieren lassen. Auch Ihre Kinder können lernen, wie man Pfefferminzblätter, Rosenblätter, Gänseblümchen und Ringelblumen kandiert, indem sie die Blätter und Blumen sorgfältig von allen Seiten mit dem Eiweißwasser bepinseln und mit Zucker bestreuen. Dazu liegen an jedem Platz 1 Löffel, 1 kleiner Pinsel und ein Stück Butterbrotpapier, bestreut mit feinem Kristallzucker. Daneben stehen Schälchen mit Eiweißwasser (1 Eiweiß mit 1 Eßlöffel Wasser leicht verkleppern, nicht schaumig schlagen), Schüsselchen mit Zucker und eine große Schale voll sauberer (natürlich unbehandelter) Blüten und Blätter bereit. Jeder tunkt den Pinsel ins Eiweißwasser und bestreicht vorsichtig das Blatt oder die Blüte von beiden Seiten. Dann wird Zucker darauf gestreut und die kandierte Leckerei auf das Papier gelegt. Das ist ebenfalls mit Zucker bestreut, damit die eiweißnassen Blüten nicht am Papier festkleben. Die bemalten Blüten und Blätter müssen immer wieder gewendet werden. Wenn der Eiweiß-Zuckermantel getrocknet ist, sehen sie wie mit Rauhreif überpuderte Kostbarkeiten aus.

Kleinere Blätter und Blüten im Eiweiß-Zuckermantel trocknen übrigens in 1–2 Stunden, größere oder zu naß gewordene brauchen dazu einen ganzen Tag.

**Eßbare Blätter und Blüten, die sich zum Kandieren eignen:**
<u>Pfefferminzblätter</u>, Blüten von <u>Gänseblümchen</u>, <u>Rosen</u>, <u>Ringelblumen</u>, <u>Veilchen</u>, Dahlien, Löwenzahn, Malven, Kleeblüten, Borretschblüten, Kornblumen, Blütendolden des Holunder, Kapuzinerkresse, Sonnenblumen, <u>Topinamburblüten</u> und die Blüten von <u>Thymian</u>, Bohnenkraut, <u>Majoran</u>, Salbei, <u>Fenchel</u>. (Die unterstrichenen Blüten sind besonders wohlschmeckend oder besonders einfach zu kandieren.)

Statt Eiweißwasser kann man auch Gummi arabicum, in Rosenwasser aufgelöst, zum Bestreichen nehmen (1 Teil Gummi arabicum mit 3–4 Teilen Rosenwasser ganz glatt verrühren, ansonsten verfahren wie mit dem Eiweißwasser. Beide Mittel sind in der Apotheke erhältlich).

## 1.6. Hopfen – schlafen wie ein König

*Es war einmal ein König, König Georg III. aus England. Er war ein guter, gerechter König, und die Menschen mochten ihn. Meistens jedenfalls. Denn manchmal hatte er furchtbar schlechte Laune, und dann handelte er sehr ungerecht. Und zwar immer dann, wenn er mal wieder zuwenig geschlafen hatte. Er konnte nämlich schlecht einschlafen. Es gingen ihm immer so viele Dinge durch den Kopf, abends, wenn er schon im Bett lag. Es war bekannt im ganzen Land, daß der König schlecht schlafen konnte, und natürlich bekam er viele Ratschläge, die ihm helfen sollten, besser einzuschlafen. Aber alles war vergebens. Da kam eines Tages eine Kräuterfrau mit einem kleinen Kissen in der Hand. „Ein Geschenk für den König", sagte sie, „er soll am Abend das Kissen neben seinen Kopf legen, und er wird wunderbar einschlafen." „Na ja, wenn das so einfach wäre", dachte der*

König, legte das Kissen irgendwohin und vergaß es. Doch es kam eine Nacht, da konnte und konnte er nicht einschlafen, er warf sich unruhig im Bett herum, er probierte tausend Mittelchen, trank heiße Milch mit Honig und nahm ein warmes Bad – aber an Schlaf war nicht zu denken. Da erinnerte er sich in seiner Not wieder an das Kissen, kramte es hervor und legte es neben seinen Kopf, wie es die Frau gesagt hatte. Und siehe da – er schlief tatsächlich ein.

Am nächsten Morgen aber glaubte er nicht mehr an die Zauberkräfte des Kissens. Denn konnten in so einem harmlosen kleinen, eigenartig duftenden Kissen schlafbringende Zauberkräfte stecken? Doch König Georg war neugierig geworden und probierte das Kissen jeden Abend aus. Und siehe, es war wahr, das Kissen der alten Frau wirkte wie ein „Zauberkissen". Der König konnte jetzt immer wunderbar einschlafen und ging seitdem nie mehr ohne dieses Kissen ins Bett.

Da ließ er die Kräuterfrau rufen und fragte sie nach dem Geheimnis des wunderbaren Kissens. „Kein Geheimnis", sagte diese, „in eurem Schlafkissen sind nur Hopfenzapfen drin." „Hopfenzapfen?" wunderte sich der König. „Die Dinger, die man zum Bierbrauen nimmt? Aber Hopfenzapfen, zum Schlafen? Nie gehört!"

„Doch, doch", sagte die Kräuterfrau, „so ist es: Die Inhaltsstoffe des Hopfens wirken schlaffördernd. Kommt mit, ich will es euch zeigen. Hier, an Flußtälern, in Auwäldern und zwischen Hecken auf feuchtem, nährstoffreichem Boden wächst sie wild, diese Rankpflanze. An allem, was sie findet, windet sie sich empor, bis zu 30 cm am Tag, ihr könntet fast zuschauen. So eine Hopfenpflanze kann eine Höhe bis 7 m erreichen! Die Blätter erinnern ein bißchen an Brombeerblätter, aber sie fühlen sich an wie Schmirgelpapier, fühlt mal: Blatt und Stiel sind mit kleinen borstigen Kletthärchen besetzt, den Kletterzähnchen. Das ist die Hopfen-Rankhilfe. Die verhindert, daß der Trieb beim Klettern abrutscht.

Nicht an jeder Hopfenpflanze gibt es übrigens im Spätsommer diese ‚Schlafzapfen'. Denn es gibt weibliche und männliche Hopfenpflanzen. Und nur die weiblichen bringen Früchte. Mit ihren übereinandergereihten Schuppen sehen sie tatsächlich aus wie Zapfen. Wenn wir ein Vergrößerungsglas dabei hätten und ihr unter solch ein Schuppenröckchen schauen würdet, so könntet ihr ein kleines gelbes Pelzchen, die Drüse, sehen, bepudert mit goldgelbem Staub: dem Hopfenmehl. Das ist es, was so eigenartig duftet und die Menschen sanft in den Schlaf gleiten läßt. Schaut, aus solchen Hopfenzapfen habe ich euch euer Schlafkissen zubereitet."

### Schlafkissen

Zwei Handvoll Hopfenzapfen sammeln und gut trocknen lassen. Dann in eine kleine Kissenhülle füllen, die mit Baumwollwatte ausgefüttert werden kann, damit es nicht so raschelt. Beruhigende Duftkräuter wie getrocknete Lavendel- und Rosenblüten oder Melissenblätter verbessern das Aroma und passen gut dazu (Hopfen, Lavendel, Zitronenmelisse und Rose gibt's natürlich auch in der Apotheke).

Und dann wie König Georg das Kissen am Abend in Riechweite aufs Kopfkissen legen. Durch die Bettwärme und Schlafbewegungen entfalten sich die ätherischen Öle dieser Schlafkräuter und begleiten Kinder, Könige und andere Menschen ins Land der Träume.

### Hopfen – selbst gezogen

Hopfen läßt sich gut auf dem Balkon selbst ziehen. Wo Platz für einen großen Kübel ist, ist auch für eine (weibliche!) Hopfenpflanze Platz. Sie braucht feuchte, nährstoffreiche Erde und natürlich eine Rankhilfe. Der Hopfen klettert gerne an Gerüsten hoch, aber es reicht auch eine einfache Paketschnur, die von oben nach unten gespannt wird. An ihr wachsen dann die Hopfentriebe mit ihren Kletterzähnchen in die Höhe. Ab August/September sind in der grünen

Hopfenwildnis schon die lustigen Zapfen zu entdecken. Wenn ihre hellgrünen Schuppen beginnen, sich rötlich zu verfärben und die Zapfen etwa walnußgroß sind, ist es Zeit zum Ernten.

## 1.7. Tür- und Adventskränze, der ganz besondere Zimmerschmuck

Es ist Herbst. Die Landschaft ist in bunte Farben getaucht und lockt uns zu Erkundungsgängen. Heute nehmen wir einen Korb mit auf unseren Spaziergang, denn wir wollen Zapfen, Ranken, Samen und Hagebutten sammeln, um zusammen mit Kindern phantasievolle Kränze herzustellen. Nicht die üblichen Adventskränze aus Tanne oder Fichte sind gemeint, nein, aus dem unendlich großen Reichtum in der Natur wollen wir sammeln, was uns interessant erscheint, was bizarr geformt ist, besonders schön ist oder Erinnerungen an den vergangenen Sommer wachruft: eine vertrocknete Rosenblüte, Efeuranken, bronzefarbene Samenstände, etwas Moos, ein knorriges Stück Rinde. Wer einen Garten besitzt, hat vielleicht schon während des Sommers entsprechende Blumen geschnitten und getrocknet: Schafgarbe, Strohblume, Lavendel, Ringelblume, Hortensien, Dost, Ysop oder Frauenmantel. An trockenen Tagen schneiden wir die blühenden Stengel, binden sie zu Sträußchen und hängen sie an einem schattigen, luftigen Ort zum Trocknen auf. Sehr gut eignen sich auch die Fruchtkapseln der Jungfer im Grünen, des Leins, der Kornrade und des Klatschmohns. Gräser sind eine schöne Ergänzung; sie machen den Kranz lebendig und wild. Für einen einfachen Türkranz nehmen wir Ranken vom Efeu oder wilden Wein, die wir sorgfältig zu einem Reif formen und mit Draht zusammenbinden. Auch Hopfenranken, verdorrte Kletterbohnen oder Knöterich können wir dazu verwenden. Daran befestigen wir die auf dem Spaziergang gesammelten Schätze. Schon mit wenigen Hagebutten dekoriert sieht so ein Kranz als Schmuck für die Eingangstür beeindruckend aus. Wer seine Leidenschaft für diese Art Kunstgebinde erst einmal entdeckt hat, geht mit ganz anderen Augen durch die Natur. Wildkräuter am Wegesrand werden plötzlich zu Schönheiten und geeignetem Floristikmaterial. Auf einem Spaziergang mit Kindern finden wir vielleicht: den rostfarbenen Sauerampfer, verblühte Disteln, Lichtnelke, die wilde Möhre oder den zarten Kälberkropf und das kleinblütige Weidenröschen mit seinem zarten Flaum, alles hat im November schon die Samenreife erreicht, ist trocken und gut zu verwenden.

 **Klassischer Adventskranz in kunterbunter Ausfertigung**
Wir benötigen 1 Rolle Blumendraht, eventuell zusätzlich etwas Golddraht, eine Gartenschere und eine Drahtzange. Für die Grundlage nehmen wir Weiden, Wein- oder Glycinienranken. Daraus wird ein Ring geformt und mit Draht befestigt.

Ringsherum schlingen wir eine Lage Stroh oder Heu, so daß wir eine füllige Kranzgrundlage haben. Es kann auch zerknülltes Zeitungspapier verwendet werden. Auf den Tisch haben wir eine große Menge Pflanzenmaterial bereitgelegt und alles auf eine Länge von ca. 10 cm zurechtgeschnitten: immergrüne Zweige und Blätter von Tanne, Thuja, Efeu, Wacholder, Buchs, Kirschlorbeer, Lavendel, Thymian, Salbei sowie Trockenblumen, Hagebutten und Zapfen. Jetzt beginnen wir mit der spannenden Komposition.

Die Zweige werden nun zu kleinen Sträußen zusammengefaßt und mit Draht auf der Unterlage befestigt. Das Kranzflechten geht folgendermaßen vor sich: ein Sträußchen links, dann versetzt rechts, dann Mitte, dann links usw. Der Kranz wird dabei immer ein Stück von uns weg gedreht, die Drahtrolle von innen nach außen geschlungen. Das letzte Sträußchen wird unter das erste geschoben, damit man den Ansatz nicht sieht.

Beim Kranzflechten können wir mit den verschiedensten Grüntönen spielen. Ausdrucksstark wird ein Kranz, bei dem sich dunkelgrüne Tanne oder Buchs mit dem silbrigfarbenen Lavendel oder Salbei abwechseln, zusammen mit warmen Grüntönen der Zypresse. Gelbgrüne Efeublätter kontrastieren effektvoll mit dunklem Efeu oder Kirschlorbeer. Dazwischen die Farbtupfer von Blüten, Früchten und Zapfen. Sie lassen den Kranz üppig aussehen und erinnern an Erntedank.

Eines Abends sitzen wir nun in vorweihnachtlicher Adventstimmung um unseren Kranz herum, auf dem das erste, strahlende Kerzenlicht entflammt ist. Die getrockneten Orangescheiben, Zimtstangen und Lavendelsträußchen, die wir mit Golddraht am Kranz befestigt haben, duften feinwürzig. Die verwelkten Rosenblüten dazwischen wecken Erinnerungen an den vergangenen Sommer.

## 1.8. Webbilder mit Fundstücken aus der Natur

Was kann man auf einem Spaziergang nicht alles finden: Schneckenhäuschen, bizarr geformte Wurzeln, getrocknete Dolden, ungewöhnliche Steine, Vogelfederchen, viele schöne Blumen … und … und … und … Auch Kinder, die nicht so gerne spazieren gehen, lassen sich von solchen Fundstücken faszinieren.

Wohin mit unseren Schätzen? Wir wollen damit Webbilder aus Naturmaterialien gestalten!

Ein erster Versuch könnte so aussehen: Mindestens 30 cm lange dünne Äste werden mit einer Kordel zu einem Rahmen verbunden. Dann werden die Kettfäden gespannt, indem die Kordel in gleichen Abständen um die gegenüberliegenden Äste des Rahmens gewickelt wird. Damit ist das Grundgerüst fertig.

Jetzt können unsere Fundstücke eingewebt werden. Sie werden so durch die Fäden gezogen, daß abwechselnd ein Faden über und einer unter dem eingewebten Stück liegt.

Am einfachsten geht dies natürlich mit langgestreckten Fundstücken, z.B. Stöckchen, den Blättern vom Mais und Gräsern, oder weichem Material, z.B. mit Schafwolle, die sich im Zaun verfangen hat, oder dem Flaum der Pappelsamen. Aber auch einzelne Blüten und sogar Steine können wir einarbeiten, wenn wir die Fäden eng genug spannen. Das fertige Bild kommt am Fenster gut zur Geltung, besonders wenn die verschiedenen Objekte nur locker eingewebt worden sind und genügend Licht hindurchkommt.

Am haltbarsten ist so ein Naturbild, wenn wir trockene Pflanzenteile verwenden – z.B. bei Herbstbildern mit orange, gelb und rot gefärbten Blättern, Grasrispen oder trockenen Samenständen. Aber auch frisches Material und bunte Blüten halten ein paar Stunden, wenn wir das fertige Bild vor dem Aufstellen noch eine halbe Stunde in Wasser legen.

Der Größe solcher Naturbilder sind nach oben keine Grenzen gesetzt. An einem großen Webrahmen, den man draußen zimmern kann, können mehrere Kinder zusammen ein Bild gestalten.

Oder aber man greift auf einen vorhandenen „Webrahmen" zurück: Warum nicht einfach kahle Maschenzäune durch Fundstücke aus der Natur verschönern. Wenn man auch stabiles Material, z.B. Weidenruten und Brombeerranken, einarbeitet, entsteht so fast eine kleine Hecke. Der vorher so kahle Zaun kann zu einem riesige Landschaftsbild werden.

## 2. Halb drinnen – halb draußen. Am Fenster

Die Fenster eines Hauses sind wie Augen. Sie bieten Ausblicke auf den Himmel, das Nachbarhaus, die Straße und vielleicht einen Baum. Sie lassen Licht hindurch. Aber auch Luft, Geräusche und Gerüche dringen bei geöffnetem Fenster herein. Sie machen uns neugierig, hinauszugucken. Es tut sich was draußen. Vogelgezwitscher, spielende Kinder, Autolärm, ein Nachbar, der sich auf dem Balkon die Beine vertritt. Ein Blick zum Himmel: Wie wird das Wetter heute? Werden die Wolken Regen bringen? Aus welcher Richtung kommt der Wind? Eine kleine Wetterstation auf dem Fenstersims kann uns darüber Aufschluß geben. Der Platz hinterm Fenster ist ein guter Beobachtungsposten. Die lauten Krähen auf dem Dach gegenüber streiten schon den ganzen Vormittag. Warum verhalten sie sich so?

Fenster geben aber nicht nur Ausblicke frei, sondern auch Einblicke in die Privatsphäre. Fenster, die mit Blumen bepflanzt sind, Fenster mit oder ohne Gardinen, Fenster mit phantasievollen Dekorationen, Fenster mit Katzenleitern. Fenster sind persönliche Visitenkarten, und nicht selten lassen sie etwas über den Charakter ihrer Bewohner erahnen. Eine blumige Visitenkarte sind zum Beispiel bunte Blumenkästen statt Gardinen. Mit Bauerngartenblumen und üppig blühenden Rankpflanzen können wir mit Kindern auf kleinstem Raum gärtnern und selbst mitten in der Stadt ein Stück Natur herbeizaubern. Außen vor dem Küchenfenster können wir Tee- und Würzkräuter ziehen. Wer keinen Garten und keinen Balkon zur Verfügung hat, kann sich hier in kleinem Maßstab selbst versorgen.

Zum Schluß sei noch auf eine besondere Eigenschaft von Fensterglas hingewiesen. Sonnenstrahlen, die durch eine Glasscheibe dringen, erzeugen Wärme. Wer kennt nicht den Heizeffekt an einem kalten, aber sonnigen Wintertag hinter der Glasscheibe? Die entstandene Wärme wird drinnen „gefangen", das ist der bekannte Treibhauseffekt. Im Frühjahr machen wir uns diese solare Heizung zunutze, um Blumen und wärmeliebende Pflanzen vorzuziehen. Kleine und große Gärtner haben Spaß an so einem Minigewächshaus auf der Fensterbank.

## 2.1. Blumenkasten – kleiner Garten mit großer Wirkung

„Ich möcht' so gern einen eigenen kleinen Garten haben!" Manche Kinder wünschen sich das: Selbst etwas aussäen, beobachten, wie es wächst, blüht und sich verändert, und wenn möglich, davon etwas ernten und den Eltern zeigen, das macht den ganzen Stolz kleiner Gärtnerinnen und Gärtner aus. Dabei ist es gar nicht so wichtig, wie groß das Aktionsfeld ist. Auch ohne Garten oder Balkon ist Gärtnern mit Kindern möglich, ein einfacher Blumenkasten ist ausreichend. Was zählt, sind die eigene Erfahrung und der Umgang mit lebendiger Materie. Gerade in Stadtwohnungen können Eltern, wenn sie mit Kindern gemeinsam einen Blumenkasten gestalten, mitten in der Stadt ein Stück Natur herbeizaubern. Solche Blumen erfreuen nicht nur das Auge und rahmen das Fenster ein; sie verbessern durch ihre Verdunstung sogar das Kleinklima und verringern die Belastung durch Abgase. Außerdem locken sie Hummeln und Schmetterlinge an und sind von daher ein spannendes Beobachtungsfeld für Kinder.

Blumenfenster haben Tradition. Wer kennt nicht die alten Bauernhäuser mit ihren bunten Bepflanzungen? Solche Häuser wirken freundlich und einladend. Zusätzlich verhindern die Blumen vorm Fenster mit ihrem Duft, daß Fliegen und Motten eindringen. Geranien verströmen solche abwehrenden Gerüche. Diesem Vorzug der beliebten, deutschen Einheitspflanze steht der Nachteil gegenüber, daß sie auch keine Bienen und Hummeln anlockt. Sie finden auf ihr keine Nahrung, da die bei uns üblichen Zuchtgeranien keine Blütenpollen besitzen.

### Der Fenstergarten
Unser Blumenkasten ist nach ökologischen Gesichtspunkten ausgewählt: Er soll die Arbeit des Kindes mit Erfolg belohnen und enthält deshalb raschwüchsige, unempfindliche Blumen und Kräuter. Außerdem soll er Schmetterlinge und Insekten anlocken. An einem geschützten, sonnigen Südfenster wachsen z.B. die folgenden einjährigen Rankpflanzen und Bauerngartenblumen gut: die brennend roten Feuerbohnen, die orangefarbene, rankende Kapuzinerkresse und die sonnengelbe Ringelblume. Dazwischen Phacelia (oder Bienenfreund) mit blaulila Blüten oder Borretsch. Als markante Farbergänzung rate ich zu rotblättrigem Basilikum, das wir als Würze verwenden können. Lange blüht Tagetes in orange-braunen Farbtönen.

Anfang Mai, wenn es draußen schon etwas wärmer geworden ist, füllen wir einen Blumenkasten mit dunkler, lockerer Erde. Zuerst wollen wir die Erde spüren und fordern die Kinder auf, ihre Hände hineinzustecken. Fühlt sich die Erde warm und luftig an? Wir stellen uns vor, unsere Finger seien die Wurzeln. Können sie hier drin wachsen und sich ausbreiten? Jetzt nehmen wir die Samen zur Hand. Aus diesen harten, unscheinbaren Dingern sollen die bunten Blumen wachsen, wie es uns das Samenpäckchen weismachen will? Wir sind gespannt. Die Samen der Rankpflanzen setzen wir ans Ende des Kastens. Jeweils 3–4 Bohnenkerne 2 cm tief in die Erde stecken. Dazwischen säen wir die übrigen Samen aus, doch Vorsicht, nicht zu dicht, sonst sind die Pflänzchen zu schwach und fallen um. Es tut zwar weh, aber wir müssen die zu eng stehenden Sämlinge nach einiger Zeit entfernen. Wir können die Blumen auch in eigenen Töpfen vorziehen. Dann werden die Setzlinge in einem Abstand von 10 cm eingepflanzt. Jetzt muß das Gärtchen jeden Tag mit einer Sprühflasche feucht gehalten werden. Die Erde darf nie austrocknen. Beginnen die Bohnentriebe nach einer Kletterhilfe zu suchen, sollten wir ihnen eine Schnur oder einen Stock anbieten.

Bald blühen die einjährigen Blumen üppig und prächtig, aber dafür müssen wir sie auch täglich gießen. Die Blütenfülle von Ringelblume und Tagetes können wir uns lange erhalten, wenn wir die verblühten Triebe regelmäßig entfernen. Die rankende Kapuzinerkresse wächst ohne Kletterhilfe locker über den Kastenrand hinaus, was besonders schön aussieht. Wußten Sie, daß man ihre Blätter und Blüten als schmackhafte Dekoration im Salat verwenden kann? Schmeckt kräftig aromatisch wie Kresse. An einem sonnigen Nachmittag, unser Fenstergärtlein steht in kräftiger Blüte, können wir uns hinterm weit geöffneten Fenster in Position setzen und beobachten, wer vorbeikommt: Da! eine dicke Hummel hat die Phacelia entdeckt und tummelt sich im Blütenstaub. Die kleineren, etwas unscheinbaren Wildbienen entdecken wir erst auf den zweiten Blick. Eine Schwebfliege steht mit heftig flatternden Flügeln in der Luft. Sie hat den Borretsch und die Ringelblume zum Fressen gern. Wenn wir Glück haben, besucht uns sogar das Pfauenauge und breitet seine bunten Flügel aus.

## 2.2. Minze gibt's nicht nur im Teebeutel

Was haben die Radfahrer der Tour de France, duftende Freundschaftsbriefe, Gletschermilch und Übelkeit miteinander zu tun? Sie alle haben etwas mit der Pfefferminze zu schaffen.

Historisches | Vor vielen tausend Jahren, als die ägyptischen Könige noch ihre Pyramiden bauen ließen, war die Pfefferminze schon so beliebt und geehrt, daß sie den Pharaonen als schützendes Kraut für ihre Reise ins Jenseits mit ins Grab gelegt wurde. Überhaupt spielte – und spielt auch heute noch – die Pfefferminze im Orient eine wichtige Rolle. Als Mittel gegen üble Gerüche und ansteckende Krankheiten trugen die Menschen Minzsträußchen am Hals. Den orientalischen Herrschern diente die Minze als Beilage in ihren Schriftrollen, zum Zeichen der Freundschaft und der Liebe (eine Anregung für heutige kleine und große Briefeschreiber: duftende Minzblättchen mit ins Kuvert legen …).

Leider kennen wir die Pfefferminze heute fast nur im Teebeutel, und kaum jemand weiß noch etwas von den erstaunlichen Heilkräften dieser Pflanze.

Der französische Kräuterarzt Maurice Mességué bekam einmal vor 40 Jahren den Auftrag, für die Radfahrer der Tour de France ein stärkendes Getränk zu brauen. Er ließ ihnen ein „Vitalitätstonikum" aus 6 Prisen Minze, 2 Prisen Rosmarin und 1 Prise Salz zubereiten. Es ist nicht schwer zu erraten, daß die Radrennfahrer natürlich gewonnen haben. Warum sollten Sie Ihren Kindern nicht auch so einen Radlertee zubereiten, wenn es demnächst auf Tour geht? Der macht bestimmt fit!

Auch in der Heilkunde hat die Pfefferminze Geschichte gemacht. Seit langem wird der Tee bei Gallebeschwerden, verdorbenem Magen, Schluckauf und Kopfschmerzen, zur Nervenstärkung und bei Fieber verwendet. Von den alten Seefahrern ist überliefert, daß sie Pfefferminze und Ingwer gegen die Seekrankheit nahmen: Mittel, die auch gegen Übelkeit bei Autofahrten helfen. Gegen solche „Reisekrankheiten" wird ein Tee aus Pfefferminze, Ingwerwurzeln, Rosmarin- und Melissenblätter (jeweils zu gleichen Teilen) zubereitet. Wer möchte, kann auch Minzenpulver (getrocknete, pulverisierte Blätter) oder ein kleines Stückchen getrocknete Ingwerwurzel (ca. 1/2 g für Kinder, 1 g für Erwachsene) mit auf die Fahrt nehmen. Das kann man kauen, falls einem schlecht wird.

Als frisches Wiesenwundpflaster wirkt ein Pfefferminzblättchen, zerrieben auf die Haut gebracht, schmerzstillend, kühlend, krampflösend und abschwellend. Bei Insektenstichen, Brennesselquaddeln oder Quetschungen.

Vorsicht übrigens beim reinen ätherischen Pfefferminzöl, das es fertig zu kaufen gibt: Das ist nichts für Säuglinge, die auf das darin enthaltene Menthol besonders empfindlich reagieren. Säuglinge dürfen weder mit dem ätherischen Öl noch mit einer Salbe, die Menthol enthält, behandelt werden! Pfefferminztee sollte man nicht täglich trinken, das tut dem Magen nicht gut. Pfefferminze ist ein wichtiges Heilmittel, aber kein Haustee für den Dauergebrauch. Also ruhig etwas Abwechslung in das Hausteesortiment bringen. Gut eignen sich dazu Teezubereitungen von Zitronenstrauch, Zitronenmelisse oder Ringelblume, von Rotkleeblüten oder von Erdbeer-, Himbeer- oder Brombeerblättern. Unübertroffen sind Tees mit frischen Blättern, vor allem mit frischer Pfefferminze an heißen Tagen. Einen Stengel

oder einige Blättchen von der Balkonpflanze frisch abschneiden, mit kochendem Wasser übergießen und einige Minuten ziehen lassen. Schmeckt köstlich frisch! Natürlich gibt es noch viele andere feine Rezepte mit frischer Minze, zum Beispiel die Gletschermilch (siehe Rezept).

### Minze auf dem Balkon
Die Pfefferminze läßt sich ganz einfach im Blumenkasten ziehen. Hier wächst sie gut, während sie im Garten so wuchert, daß bald alles von ihren Ausläufern unterwandert ist. Auf dem Balkon dagegen sind ihr durch den Topf Grenzen gesetzt.

### Botanik und Anbau

Botanisch gesehen, ist die echte Pfefferminze ein „Bastard", eine Züchtung zwischen der Wasserminze und Grünen Minze, weshalb gerade „die Echte" nicht aus Samen selbst gezogen werden kann. Die Sorte ist nicht samenecht. Das heißt, Nachkommen, die aus solchen Samen entstanden sind, können ganz unterschiedlich ausfallen. Vermehrt wird daher vegetativ, durch Ausläufer. Die Pfefferminze und ihre Verwandten (Krauseminze, Orangenminze, Apfelminze, Ananasminze usw.) sind in Gärtnereien zu bekommen. Im Frühjahr oder Herbst ist Pflanzzeit. In einen größeren Topf gute humose Erde füllen und einen Ausläufer (oder Setzling) Minze mit 3 bis 4 „Au-

35

gen" ungefähr 5 cm tief in die Erde legen. Stets gut gießen, dann werden bald die ersten Triebe aus der Erde schauen. Mit der ersten Ernte warten, bis die Stengel 15 cm groß sind. Für den Wintervorrat wird jeweils direkt vor dem Aufblühen ungefähr im Juli der erste, und Ende August der zweite Schnitt gemacht, handbreit über der Erde. Nach 2–3 Jahren verliert die Pflanze ihre Kräfte und muß durch neue ersetzt werden, oder man entnimmt einen kräftigen Ausläufer und setzt diesen in frische Erde neu ein. Oder aber Ihre Kinder führen mit anderen Minzenliebhabern einen regen Tauschhandel (wie im alten Orient).

### Minzensirup

3 Tassen Zucker (oder 2 Tassen Birnen- oder Apfeldicksaft) in 1 Tasse Wasser erwärmen und auflösen. Die Blättchen von 6 Minzestengeln ganz fein gehackt dazugeben und 5 Minuten sieden. Bis zum Erkalten stehen lassen und danach abseihen und in Flaschen abfüllen. So hält der Sirup lange – wenn er nicht schnell zum Würzen von Süßspeisen wie Obstsalat, Eis, Fruchtbowlen oder Getränken verbraucht wird. Für eine erfrischende Minzenlimonade zum Beispiel wird einfach der Sirup mit Mineralwasser übergossen.

### Gletschermilch

In 1 Glas Milch 1 Kugel Zitronen- oder Vanilleeis geben und je nach Geschmack 2–4 Eßlöffel Minzensirup einrühren. Wer eine Eismaschine zu Hause hat, kann sich köstliches Minzeneis damit selbst herstellen und bei Bedarf mit Milch auffüllen.

### Minzenquark

200 g Quark mit 3 Eßlöffeln Joghurt und 1 Eßlöffel Honig verrühren. Aus einer Vanilleschote das Mark herauskratzen und mit 100 ml steifgeschlagener Sahne unter den Quark heben. 1/2 Handvoll feinstgehackter Pfefferminzblättchen unterrühren. Den Quark solange wie möglich in den Kühlschrank stellen, damit er gut durchziehen kann, mindestens 3 Stunden.

Mit Bitterschokoladentäfelchen gereicht, schmeckt dieser Nachtisch wie selbstgemachtes „after eight".

### Erfrischende Teemischungen

*„Kalter Zitrominz":* Eine Handvoll frische Pfefferminztriebe mit 3/4 l kochendem Wasser überbrühen, 5 Minuten ziehen lassen, absieben. Den abgekühlten Tee bei Bedarf mit wenig Apfeldicksaft oder Honig süßen und 1 Eßlöffel Zitronensaft unterrühren. Herrlich erfrischend!

*„Sommertraum":* Eine Handvoll frische Blätter – in beliebiger Mischung – von Zitronenmelisse, Zitronenthymian, Minze, Zitronenstrauch sowie junge Blätter der Schwarzen Johannisbeere. Zubereitung wie zuvor.

*„Blütenwunder":* Eine knappe Handvoll Blüten – in beliebiger Mischung – von Ringelblume, Rotklee, Taubnessel, Löwenzahn, Gänseblümchen und Majoran und einige Minzblättchen.

## 2.3. Krähen

Vor meinem Fenster steht ein Baum, auf dem im Winter Krähenschwärme zu beobachten sind. Das kann ganz schön spannend sein:

Krähen transportieren z.B. selbst im Winter noch Walnüsse im Schnabel, wenn längst keine mehr unter den Nußbäumen liegen. Wenn man sie beobachtet, kann man sehen, daß die schlauen Vögel kleine Nahrungsvorräte verstecken, die sie, dank ihres guten Gedächtnisses nach langer Zeit noch, auch unter dem Schnee wiederfinden können.

Manchmal passiert aber auch folgendes: Die findige Krähe sucht sich ein sicheres Plätzchen für ihren Vorrat, legt die Nuß in ein mit dem Schnabel gewühltes Loch im Boden, deckt alles sorgsam zu und bemerkt nicht, daß sie aufmerksam von einer Kollegin beobachtet worden ist. Kaum ist die Luft rein, untersucht diese das verheißungsvolle Versteck und kann mit der Beute wegfliegen. Dieses Versteckspiel läßt sich – mit etwas Glück – auch vom Fenster aus beobachten.

Vom Fenster aus können Kinder Tiere verfolgen, ohne sie zu stören. So ist es möglich, eine Tierart, wie z.B. die Krähe, über Wochen zu beobachten. Dadurch entwickeln Kinder die Geduld, sich intensiv mit verschiedenen Verhaltensweisen auseinanderzusetzen.

Krähen gehören zu den Rabenvögeln, die ein ganz gut entwickeltes Gehirn haben und Allesfresser sind. Sie kommen oft auf den Boden herab und halten Ausschau nach Eßbarem. Sie mögen gerne offene Landschaften, wo kleine Wälder oder einzelne Baumgruppen zwischen Feldern und Wiesen liegen. Neugierig und pfiffig sind die Krähen, wie alle Rabenvögel. Manchmal nimmt das auch ungewöhnliche Formen an. So konnte schon mal ein kleiner Trupp Rabenkrähen beobachtet werden, der sich eingehend mit den Klingeln einiger herumstehender Fahrräder beschäftigte und dabei ein kleines Konzert veranstaltete. Neugierig sind die Krähen auch beim Fressen. Sie essen – wie auch wir Menschen – vor allem mit den Augen. Sie können nicht zwischen genießbar und ungenießbar unterscheiden und nehmen alles, was interessant aussieht. Nach der Mahlzeit wird Unverdauliches in Form von Speiballen ähnlich wie die Gewölle der Eulen und Greifvögel herausgewürgt.

Es gibt drei verschiedenen Krähenarten: Rabenkrähe, Nebelkrähe und Saatkrähe. Die Rabenkrähe, die ganz schwarz ist, und die Nebelkrähe, deren Rücken und Bauch grau ist, sind bei den Menschen nicht besonders beliebt. Sie plündern systematisch Vogelnester und nehmen neben Aas und Abfällen gerne Vögel und junges Wild. Deshalb werden sie sogar mit Gifteiern verfolgt. Aber die Vögel sind so schlau und gewitzt, daß ihre Zahl dadurch kaum weniger wird. Die Saatkrähe ist durch ihr nacktes, hellgraues Gesicht von diesen beiden Arten gut zu unterscheiden. Sie lebt vorwiegend von Würmern, Larven, Schnecken und pflanzlicher Kost. Ihr helles Gesicht ist durch ihre Ernährungsweise entstanden: Durch das ständige Stochern und Wühlen im Boden werden die Federn in Schnabelnähe abgenutzt. Dadurch wird eine ledrige, helle Haut sichtbar, die weithin zu erkennen ist.

Die Saatkrähe ist viel geselliger als Raben- und Nebelkrähen, die sich nur in der Winterzeit zu umherziehenden Trupps zusammenschließen; sie brütet sogar in Kolonien. Die mit Krähennestern gefüllten Bäume kann man manchmal sehen. Denn die Nistzeit beginnt im zeitigen Frühjahr, wenn die Sicht kaum durch Blätter verdeckt ist. Die Saatkrähen, die bei uns brüten – also Standvögel sind –, machen aber nur einen kleinen Teil dieser Schwärme aus. Die meisten Exemplare der riesigen Krähenschwärme, die bei uns in der kalten Jahreszeit zu sehen sind, sind Wintergäste aus Osteuropa.

## 2.4. Pflanzenanzucht auf der Fensterbank

 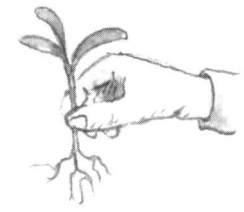 

Der Winter geht zu Ende, die Tage werden länger, und die Sonne scheint schon wärmer. Jetzt ist es Zeit, gemeinsam mit Kindern Gartenpläne zu schmieden. „Wir wollen Tomaten pflanzen und bunte Sommerblumen und Radieschen und Gurken und Kresse!" Welches Glück, einen Garten zu besitzen! Aber auch für den Balkon können wir jetzt selbst Jungpflanzen anziehen. Dazu nutzen wir die geschützte Lage auf der warmen Fensterbank, die bald mit Schalen, Töpfen und Minigewächshäusern vollgestellt sein wird. Kleine und große Gärtner sind jetzt ganz regsam und voller Träume und spüren schon den Frühling. Es ist jedes Jahr wieder ein Ereignis: Samentütchen werden gekauft, und die bunten Bilder darauf verführen uns zu kühnen Anbauplänen. Wir haben für Kinder einige pflegeleichte Pflanzen ausgesucht, die sich gut auf der Fensterbank vorziehen lassen und die Kindern schmecken. Die „Südländer" gehören dazu, also Tomaten, Kürbis, Gurken und Zucchini. Sie brauchen die warme Kinderstube hinter der Scheibe, bevor sie ins Freie gepflanzt werden, so wie auch die Kräuter Basilikum und Majoran. Auch die einjährigen Sommerblumen wie etwa Löwenmäulchen, Tagetes, Petunien und Kapuzinerkresse kommen dafür in Frage.

Schon Mitte März können wir Tomaten und Paprika aussäen. Für Kräuter und die meisten Sommerblumen ist Ende März, Anfang April der richtige Zeitpunkt. Ende April kommen Gurken, Zucchini und Kapuzinerkresse in die Erde.

Für unsere Minigärtnerei haben wir Schalen, alte Joghurtbehälter, Eierkartons und Blumentöpfchen zurechtgelegt, die wir mit Aussaaterde füllen. Wir nehmen dafür entweder die im Fachhandel angebotene Fertigmischung, die aber leider in den meisten Fällen geringe Torfanteile enthält. Wer seine Erde selbst herstellen will, mische ein Drittel Kompost mit einem Drittel lockerer Gartenerde und einem Drittel Sand. Wichtig ist, daß die Erde locker ist, das Wasser gut speichert und möglichst keine Unkrautsamen enthält. Außerdem sollte sie arm an Nährsalzen sein, weshalb sie mit Sand gestreckt wird. Wir können ein Gartentagebuch führen und die Aussaat darin notieren. Der Samen wird nicht zu dicht ausgesät. Stehen die Sämlinge nämlich zu eng, bekommen sie dünne Stengel und fallen nach jedem Gießen um. Und Vorsicht! Nicht jeder Samen will zugedeckt sein. Kresse, Majoran und Kamille sind z.B. Lichtkeimer, sie werden nur leicht festgedrückt. Jetzt werden die Saatschalen täglich mit einer Sprühflasche befeuchtet. Die Erde sollte nie austrocknen, aber auch nicht naß sein, eben feucht, also sich anfühlen wie ein ausgedrückter Schwamm. Eine Folie darüber verhindert die Verdunstung. Bald zeigen sich die ersten Sämlinge – jetzt wird's spannend! Entweder schieben sich einzelne, langgestreckte Blätter wie bei den Gräsern oder je zwei markante Keimblätter hervor. Sie sind bei jeder Pflanze verschieden, und bald lernt man, sie danach zu unterscheiden.

Wenn sich das dritte Blatt zeigt, ist es Zeit, sie zu verpflanzen. Tomaten werden jetzt einzeln in Töpfe mit nährstoffreicherer Erde gepflanzt. Wir haben dazu Erde mit Kompost gemischt oder ganz einfach die im Handel erhältliche Bio-Pflanzerde genommen. Mit Hilfe eines Stöckchens werden die zarten Sämlinge vorsichtig herausgenommen und in die feuchte Erde gesetzt und zwar etwas tiefer, als sie vorher standen, bis knapp an die Blätter also. Mit Zeigefinger und Daumen und Fingerspitzengefühl drücken wir die Sämlinge fest. Sie sollen gut sitzen. Wichtig ist, daß die Keimwurzel dabei nicht verbogen wird. Eventuell müssen wir sie etwas einkürzen.

„Pikieren" nennt man das im Fachjargon, und die Pflänzchen sind danach nicht etwa eingeschnappt, sondern danken es mit kräftigem Wurzelwachstum. Jetzt müssen wir darauf achten, daß unsere Pflanzenkinderstube genügend Licht bekommt. Pflanzen wachsen immer dem Licht zu, und wenn es zu dunkel ist, recken sie sich und bekommen lange, dünne Stengel. Wir aber wollen grüne, kräftige, gedrungene Pflanzen und keine langstieligen Schlappis.

Es ist inzwischen Mai geworden und Zeit, unsere kleinen Freunde abzuhärten. Das heißt, wir gewöhnen sie langsam an die Außentemperaturen und auch an das UV-Licht, das hinter der Fensterscheibe abgeschirmt war. Nachdem die frostigen Nächte Mitte Mai vorbei sind, können wir unsere selbst angezogenen Jungpflanzen dann nach draußen pflanzen.

## 2.5. Wetterstation am Fenster

*Heute morgen war der Himmel wunderschön rot. Jonas fand, daß eine Regenjacke bei so gutem Wetter völlig überflüssig war. Jetzt war die Schule aus, und draußen regnete es in Strömen. Mißmutig schaute er durch die Fensterscheiben. Da kam sein großer Freund Simon, der schon in die fünfte Klasse ging. Der Glückspilz hatte eine Regenjacke dabei! „Hast du denn gewußt, daß es heute regnet", fragte Jonas erstaunt, „heute morgen war doch so schönes Wetter?" „Gewußt nicht", sagte Simon, „aber ich habe mir schon sowas gedacht. Mit meinem Opa habe ich nämlich eine Wetterstation am Fenster gebaut. Die sehe ich mir jeden Morgen an und stehe nur noch selten ohne Schutz im Regen. Es ist ganz spannend: Jeden Tag kann ich etwas beobachten. Wir können ja hier warten, bis der Regen vorbei ist, dann*

*erzähl' ich dir, was zu einer Wetterstation gehört: Ein Thermometer
zeigt mir, wie warm es draußen ist. Es sollte möglichst weit weg von
der Hauswand hängen, weil es in der Nähe vom Haus wärmer ist.
Ich habe es so aufgehängt, daß ich es von meinem Fenster aus trotzdem noch ablesen kann. Da weiß ich dann schon, wie warm ich mich
anziehen muß. Außerdem kann ich den Luftdruck messen. Die Luft
drückt nämlich auf den Erdboden, weil sie schwer ist. Je dicker die
Luftschicht ist, desto mehr wiegt sie. Oben auf dem Berg ist sie dünner, und deswegen ist dort der Luftdruck niedriger als unten im Tal.
Wenn der Luftdruck stark und schnell fällt, gibt's im Sommer ein Gewitter und im Winter Sturm. Ich weiß außerdem, wie feucht die Luft
ist. Am Fensterrahmen hängt ein Kiefernzapfen. Bei trockenem Wetter sind die Schuppen ganz weit geöffnet. Heute morgen aber waren
sie geschlossen. Da habe ich mir gedacht: Nimm lieber die Regenjacke mit! Damit ich immer weiß, wieviel Regen gefallen ist, habe ich
einen Niederschlagsmesser. Stell dir vor, bei dem kurzen Gewitter
neulich, da ist doppelt so viel Regen gefallen wie damals, als es drei
Tage ununterbrochen geregnet hat. Das waren ja auch nur ganz feine Tröpfchen. Ein richtiger Nieselregen. Mit meinem Windmesser
kann ich die Windrichtung bestimmen. Außerdem sammle ich Wet-
terregeln, zum Beispiel: Abendrot Schönwetterbot', Morgenrot –
Schlechtwetterbot'. Das hat ja heute morgen gut gepaßt. Oder: Wenn
die Schwalben niedrig fliegen, wirst du Regenwetter kriegen. Mir
macht es jedenfalls richtig Spaß, Wetterforscher zu sein."*

*Jonas ist begeistert. „Schau mal, Simon, der Regen hat fast aufge-
hört. Wir können nach Hause laufen. Die paar Tropfen machen mir
nichts aus. Ich bin ja nicht aus Zucker. Und dann bauen wir für mich
auch eine Wetterstation!"*

### Lufttemperatur

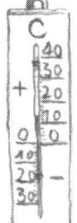

Um die Lufttemperatur messen zu können, besorgen wir uns ein Thermometer. Diese gibt es preiswert z.B. in Optiker-Fachgeschäften. Am besten ist ein sogenanntes Minuten-Max-Thermometer, bei dem man zusätzlich zur aktuellen Temperatur noch die höchste und tiefste Temperatur in dem zurückliegenden Zeitraum ablesen kann. So erfahren wir z.B. am Morgen, ob es in der vergangenen Nacht Frost gab oder nicht.

### Luftdruck

Für das Wetter ist nicht die Höhe des Luftdrucks entscheidend, sondern vor allem eine plötzliche Änderung. Um den Luftdruck messen zu können, brauchen wir ein Barometer (Luftdruckmesser). Ein einfaches Barometer können wir selbst basteln. Dazu braucht man ein Marmeladenglas, einen Luftballon, einen Strohhalm, ein Streichholz, ein Gummiband, einen Holzstab und Klebeband. Der Luftballon wird auseinandergeschnitten, straff über die Öffnung des Marmeladenglases gezogen und mit dem Gummiband befestigt. Der Strohhalm wird mit Klebeband auf der Gummihaut befestigt. Unter den Halm schieben wir noch das Streichholz. Nun wird das Barometer so neben den Holzstab gestellt, daß der Strohhalm diesen fast berührt. Auf dem Holzstab bringen wir eine Markierung an, so daß wir sehen können, in welche Richtung sich der Zeiger bewegt. Wenn der Luftdruck steigt, drückt die Luft das Gummi stärker nach innen, dadurch bewegt sich der Strohhalm nach oben.

Fällt der Luftdruck schnell, so muß man im Sommer mit einem Gewitter, im Winter mit Sturm rechnen.

### Luftfeuchtigkeit

Dazu kann man einen Kiefernzapfen verwenden, denn die Zapfen legen ihre Schuppen eng an, wenn Regen droht, um die darin enthaltenen Samen vor Regen zu schützen. Feuchte Luft ist in der Regel mit schlechtem Wetter verbunden, trockene Luft mit gutem.

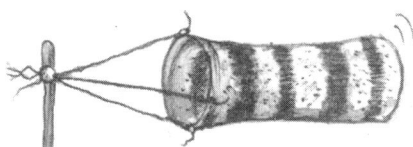

### Windrichtung

Natürlich kann man auch einen nassen Finger in die Luft stecken, um die Windrichtung zu bestimmen. Man kann aber auch einen Windsack basteln. Man nehme einen alten Strumpf, von dem der

Fuß abgeschnitten wurde. Durch den Bund wird ein dünner Draht gesteckt, so daß die kreisrunde Öffnung immer bestehen bleibt. Drei gleichlange Schnüre werden in gleichen Abständen daran befestigt. Deren Enden werden miteinander verknotet und dann mit einer Reißzwecke oben an einem Stab befestigt. Den Stab kann man dann am Fensterbrett festmachen.

Und wo ist Süden oder Norden? Ein Kompaß wäre jetzt natürlich toll, man kann aber auch den Stand der Sonne beobachten:

Im Osten geht die Sonne auf,
im Süden ist ihr Mittagslauf,
im Westen wird sie untergehn,
im Norden ist sie nie zu sehn.

Wind aus östlicher oder südöstlicher Richtung bringt im Sommer schönes, sonniges und heißes Wetter, im Winter dagegen schönes, sonniges aber sehr kaltes Wetter. Wind aus westlicher oder nordwestlicher Richtung bringt im Sommer wolkiges, regnerisches und kühles Wetter; im Winter sind mit dem feuchten Wetter milde Temperaturen verbunden.

### Niederschlagsmesser

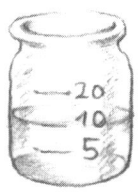

Man braucht ein großes Glas mit geraden Seiten. Auf das Glas bringen wir mit einem wasserfesten Filzstift in gleichmäßigen Abständen Markierungen an.

Wichtig ist, daß die Geräte im Freien stehen und nicht direkt von der Sonne beschienen werden, also am besten an einem schattigen Fenster. Sehr gut ist auch ein geschützt liegender Balkon oder ein schattiges Plätzchen im Garten. Alles sollte ungestört stehen bleiben können. Wenn die Wetterstation am Fenster aufgebaut wird, muß man natürlich darauf achten, daß nichts herunterfallen kann.

# 3. Tür auf zum Balkon

Mit einem Bein draußen stehen und Wind und Wetter spüren, mit dem anderen noch in den schützenden vier Wänden sein, im Frühling die ersten warmen Sonnenstrahlen erhaschen, an Sommerabenden Kühle und Entspannung finden – ein Balkon macht's möglich. Auch zum Wäscheaufhängen, zum Gärtnern und Werken, Plantschen und Sandeln, Ausruhen und Sonnenbaden ist auf den meisten Balkonen Platz. Und so wird der Etagengarten bald zu einer grünen Oase mitten in der Stadt und für die, die keinen Garten besitzen, zu einem Ort der Selbstversorgung mit Kräutern, Tomaten und frischem Salat. Blumenkästen und Kletterpflanzen bedecken triste Mauern, sorgen für bessere Luft und schaffen die nötige Privatsphäre. Für gemeinsames Werken mit Kindern sind die hängenden Gärten ideal. Da kann's auch mal Dreck geben. Und wo kann man sonst jederzeit nachgucken, ob die Saat aufgegangen ist, die erste Tomate rot ist, oder schnell noch gießen, bevor man ins Bett geht? Im Gegensatz zur Wohnung ist hier genügend Licht, Luft und Feuchtigkeit vorhanden, um vieles kultivieren zu können, natürlich abhängig von der Lage des Balkons. Der Experimentierlust sind keine Grenzen gesetzt. Südländische Kübelpflanzen, Wildblumen, Schlinger, Tomaten, Bohnen, Kopfsalat, ja sogar Kartoffeln in einem alten, ausgedienten Eimer können gezogen werden. Und wer meint, Brennesseln gehören nicht auf den Balkon, der versäumt Momente spannender Naturbeobachtung vis à vis mit Käfer, Raupe und Schmetterling. Auch eine Vogeltränke, ein Miniteich und Wildbienenbehausungen verhelfen uns zu interessanten Tierbeobachtungen und führen Kinder auch in der Stadt an Naturschutzthemen heran. Schließlich können wir auf dem Balkon Küchen- und Pflanzenabfälle kompostieren. Eine entsprechende Kiste ist leicht selbst hergestellt. So spart man etwa 30% Müll und gewinnt die Pflanzenerde, die man für das viele Grün ja benötigt. Auf diese Weise schließt sich ein Kreislauf und verbindet das Drinnen mit dem Draußen, und zwar auf kleinstem Raum.

## 3.1. Es müssen nicht immer Geranien sein

Ein Balkonkasten ist nicht nur dafür gemacht, Geranien darin aufzunehmen. Auch eine kleine Wildnis oder eine Kombination aus Kräutern, bunten Blumen und Gräsern sehen gut darin aus. Oder wie wär's mit einer südlich anmutenden Steingartenbepflanzung in einem Terracottagefäß? Wenn wir mit Kindern gärtnern wollen, soll dies auch von Erfolg gekrönt sein. Am Beginn steht daher die Über-

legung, ob wir regelmäßig gießen und pflegen können oder ob wir uns mit Pflanzen anfreunden wollen, die auch mal Trockenheit verkraften. Dann kommt es darauf an, ob wir die Pflanzen aus Samen ziehen oder lieber Jungpflanzen kaufen wollen. In die Planung gilt es natürlich auch miteinzubeziehen, in welche Himmelsrichtung der Balkon liegt. Geht er nach Osten oder Westen und liegt er windgeschützt, so haben Sie optimale Bedingungen. Aber keine Sorge, auch für schattige Nordbalkons und sonnig-heiße Südlagen gibt es die ideale Bepflanzung.

Besonders schön ist es, mit Kindern eine Wildblumenmischung auszusäen. Der Balkonkasten wird zuerst mit einer 2 cm dicken Schicht Tonscherben oder Blähton gefüllt, um zu verhindern, daß sich das Wasser staut. Jetzt füllen wir dunkle, lockere Erde hinein. Damit alles optimal wächst, ist es wichtig, daß sie von guter Qualität ist. Im Fachhandel erhält man unter der Bezeichnung „Bio-Pflanzerde" geeignete Substrate, die mit Rindenhumus und Kompost, aber ohne Torf vermischt wurden. Diese Erden haben auch die nötigen Nährstoffe.

Für Kinder eignen sich die einjährigen Blumenmischungen, die im Handel speziell für Balkonkästen angeboten werden. Sie enthalten Ackerwildkräuter und Schmetterlingspflanzen wie z.B.: Kornblumen, Margeriten, Klatschmohn, Klee, Wiesensalbei, Flockenblume, Phacelia usw. Bei all der Vielfalt denken Sie jedoch daran: Der Balkonkasten hat ein begrenztes Volumen. Wählen Sie möglichst niedrigwachsende Sorten, und säen Sie nicht zu dicht, sonst entwickeln sich die Pflanzen nicht richtig. Ab dem Blütemonat Juni haben Sie wohl die schönste und interessanteste Insektenweide – allerdings nur für einen begrenzten Zeitraum.

Hingegen bringt eine Bepflanzung mit ausdauernden Blütenstauden viele Vorteile. Nach der Blüte werden die verwelkten Stengel abgeschnitten, oder sie erfrieren im Winter. In jedem Frühjahr treibt die Pflanze mit frischer Kraft von der Wurzel her aus. So ein Blumenkasten kann problemlos überwintern und gewinnt von Jahr zu Jahr an Kraft hinzu. Wir bepflanzen die Balkonkästen am besten im Frühjahr und achten beim Einkauf auf niedrige Sorten, deren Blüten Staubgefäße mit Pollen besitzen, also Wildstauden oder ungefüllte Kultursorten. Wer in Pflanzenkatalogen blättert und vielleicht im Garten schon Erfahrungen damit gemacht hat, hat sicher seine Liebe für die Stauden entdeckt. Die unendliche Vielfalt dieser dauerhaften und treuen Begleiter ist faszinierend.

Balkonkästen mit Stauden setzen sich aus niedrigen, hohen, überhängenden Blumen, Gräsern, Farnen und markanten Blattpflanzen zusammen. Ein Staudenkasten auf dem sonnigen Balkon könnte folgendermaßen aussehen: die unermüdlich blühende blaue Karpatenglockenblume, Goldlauch für Bienen und Hummeln, die kräftigen gelben Sonnenröschen, Traubenhyazinthe als Frühblüher, Margeriten, aufgelockert von Zittergras und Blauschwingel.

Auf dem Schattenbalkon öffnen sich uns die liebreizenden Blüten des Vergißmeinnichts, des Blutstorchschnabels und des Hornveilchens. Dort wächst auch problemlos das kleine Immergrün und als Gräser die Seggen. Ganz besonders schön gelingen Farne und Efeu, von denen man auch kleinwüchsige Sorten auswählen kann, z.B. den Streifen- oder Tüpfelfarn. Zuletzt ein Tip für einen pflegeleichten Kasten, der Sonne braucht und durchaus eine Weile ohne Gießen auskommt: Zitronenthymian, Mauerpfeffer, Wilder Majoran, Steinbrech, Hauswurz, wilder Thymian, Lavendel und Ysop. Diese Kästen sollten Sie mit ein paar Steinen und etwas Kalk anreichern. Terracottagefäße sind die geeigneten Behältnisse. Sie verkraften mühelos etwaige Kurzurlaube ihrer sonst treusorgenden GärtnerInnen und vermitteln ein südländisches Flair.

**Tip** *(margin note)*

## 3.2. Abenteuer mit der Brennnessel

Die Brennnessel ist eine außerordentlich vielseitige Pflanze. Eine Hausapotheke für Mensch und Tier, reich an gesunden Inhaltsstoffen. Sie bringt den frühjahrsmüden Stoffwechsel in Schwung, zaubert rote Wangen, fördert die Ausscheidung und bei stillenden Müttern sogar die Milchbildung. Sie gibt bei Erschöpfung und Streß wieder neue Kraft, sorgt für gesunde Haare und glänzende Tierfelle und

wird im Biogarten als Pflanzendünger benötigt. Wolle und Ostereier können mit einem Absud grün gefärbt werden. Und nicht zuletzt können wir mit der Brennessel feine Gerichte zubereiten.

Eine Brennesselstaude auf dem Balkon einmal das ganze Jahr über zu erforschen, ist etwas ganz Besonderes und wird ihre Kinder begeistern. So eine haarige Pflanze bietet nämlich erstaunlich vielen Lebewesen Wohnraum.

Wer keinen Garten hat, kann aus einem Balkon ein kleines Pflanzenparadies schaffen, in dem auch eine Brennessel ihren Platz findet, z.B. in einem alten Putzeimer. Schon im frühesten Frühjahr, bei der ersten Märzsonne, wenn noch Schnee auf dem Balkon liegt, wagen sich die ersten Blättchen hervor. Sie sind schon ziemlich kräftig und haben einen roten Schimmer. Und es sieht so aus, als ließen diese „feurigen" Triebe den Schnee schmelzen.

Zwei Wochen später kann man schon die ersten kleinen Blättchen für eine Suppe ernten. Sie sind wunderbar zart, wohlschmeckend und sehr gesund. Auch später im Jahr werden nur die oberen zarten Triebspitzen der Pflanze zum Essen verwendet. Die Stengel und großen Blätter sind zu hart und faserig. Sie eignen sich aber für Brennesseltee, und früher wurde daraus Nesselgewebe gemacht.

Manchmal kann man beim Brennesselpflücken eine junge Schnirkelschnecke entdecken, die gerade ihr Mittagsschläfchen beendet hat und sich ein Brennesselblatt erobern will. Verwunderlich, daß sich die Schnecke ihren nackten weichen Bauch auf dem Brennesselblatt nicht verbrennt. Das liegt am Schleim, den sie absondert.

Die Brennesselstaude dient als Kinderstube für Schmetterlinge, die ziemlich selten geworden sind. Wenn es wärmer wird auf dem Balkon, stellt sich vielleicht der Kleine Fuchs ein, der auf dem Dachboden überwintert hat. Nicht ein richtiger Fuchs natürlich, sondern der Fuchs-Schmetterling! Diese Füchse lieben Brennesseln, weil sie dort an der Unterseite der Blätter ihre zahlreichen Eier ablegen können. Zwei Wochen nach der Eiablage schlüpfen die ersten Schmetterlingsraupen, kleine Raupen „Nimmersatt", die nur eines im Sinn haben: fressen, fressen, fressen.

Wenn so eine Raupe dick und sattgefressen ist, sucht sich jede ein geschütztes Plätzchen zum Verpuppen und hängt sich kopfüber auf. Wie eine „Mini-Fledermaus" baumelt sie da, bis sie als Schmetterling schlüpfen wird. Auch das Wunder der Verwandlung können Kinder mit etwas Geduld beobachten: Der Schmetterling sprengt dabei die Puppenhaut und schält sich langsam aus der zu eng gewordenen Haut heraus. Er entfaltet zitternd seine Flügel, stellt die Fühler auf und probiert seinen Rüssel aus. Nach kurzer Zeit fliegt er, als hätte er nie etwas anderes gekannt, dem nahenden Sommer entgegen. Auch das Tagpfauenauge braucht die Brennessel zur Aufzucht seiner Kinder, genauso wie der Admiral, ein besonders prächtiger Tagfalter, und der braune Bär, ein Nachtfalter mit einem schönen braunen Pelzchen. Wenn es keine Brennesseln gäbe, gäbe es weniger von diesen hübschen flatternden „Sommervögeln".

Im Hochsommer aber ist auch Spinnenzeit. Da lauert die Raubspinne im Brennesselurwald und wartet auf Beute. Die Spinnenbabys wachsen unter einem Brennesselblatt in einem glockenförmigen Seidennest heran. Diese vielen kleinen Spinnen sind immer hungrig – wie die Mama.

Im August blüht die Brennessel schließlich. Brennesselblüten schmecken auch Ohrwürmern und sogar Marienkäfern, die ja eigentlich Räuber sind und bevorzugt Blattläuse verspeisen. Gut schmecken auch Brennesselsamen. Sie entstehen, wenn die männliche Brennesselblüte von der Sonne gekitzelt wird. Während kleine Brennesselbeobachter gemütlich auf dem Balkonstuhl sitzen, entlädt sich plötzlich eine eiförmige kleine Staubwolke voller Blütenstaub, der schließlich auf einer weiblichen Pflanze landet. Die wird dann befruchtet, und im späten August hängen viele Brennesselsamen schwer an den weiblichen Pflanzen. Diese kleinen braungrünen Nüßchen sind sehr gesund. Das Sammeln lohnt sich! Getrocknet könnten sie aufs Butterbrot sowie über Salat oder Suppe gestreut werden.

Brennesseln gehören zu den gehaltvollsten Wildgemüsearten, die wir kennen. Sie sind reich an gesundem Chlorophyll, Eisen und anderen Mineralstoffen. Sie haben viele Vitamine und schmecken als Spinat oder in der Suppe ganz köstlich.

### Brennesselsoufflé
Für 4 Personen: Eine feuerfeste Form mit Butter einfetten. 35 g Butter schmelzen und mit 50 g Mehl, Salz und Pfeffer zu einer weichen Paste verrühren. 1/4 l Milch langsam zugießen, erhitzen und unter ständigem Rühren 1 Minute lang kochen lassen, von der Herdplatte nehmen, 3 verquirlte Eigelbe unterrühren und abkühlen lassen. 3 Eiweiße steifgeschlagen in die abgekühlte Paste einrühren. In die Form geben und im auf 200° vorgeheizten Backofen etwa 25 Minuten backen. Für die Füllung 150 g Brennesseln und 1 gehackte Zwiebel in 25 g Butter andünsten, mit Petersilie, Gemüsebrühe und Muskat würzen und mit 2 Eßlöffeln Mehl überstäuben. 100 g geriebenen Käse und 50 g Sauerrahm unterrühren und alles gründlich vermischen. Die Füllung auf das Soufflé geben, 3 weitere Minuten im Ofen erhitzen und gleich heiß servieren. (Statt Brennesseln können andere Wildgemüse wie Giersch, Bärlauch oder auch Spinat oder Pilze verwendet werden.)

### Großmamas Brennesselsuppe

4 Handvoll Brennesseltriebe mit etwas Wasser blanchieren und durch ein Sieb pürieren. Butter schmelzen lassen. Aus 2 Teelöffeln Mehl und 2 Tassen Milch eine Mehlschwitze zubereiten. Das Brennesselmus unterrühren. Mit 2 Tassen Brühe ablöschen und mit Muskat, Salz und Pfeffer würzen. Dann mit geriebenem Käse bestreuen. Dazu geröstete Knoblauchbrotwürfel geben.

### Versteckte Blätter

Größere junge Brennesselblätter auf ein Brett legen, leicht klopfen, auf beiden Seiten mit Kräutersalz bestreuen und Saft ziehen lassen. Flüssigkeit abtupfen. Jetzt die Blätter einzeln in Eierkuchenteig tauchen und in heißem Fett goldgelb ausbacken. Niemand wird erraten, daß diese leckeren knusprigen „grünen Chips" Brennesselblätter sind!

Wetten, daß!

### Die Brennesselstreichelwette

Wetten, daß man Brennesseln anfassen kann, ohne sich zu verbrennen? Die Brennhaare der Nessel wachsen nämlich alle in eine Richtung, vom Stengel nach außen. Das kann man mit der Lupe genau erkennen. Wenn man ein Blatt „gegen den Strich" berührt, brechen die Köpfchen der Brennhaare ab, ihre Spitzen bohren sich in die Haut und spritzen die Brennflüssigkeit hinein. So entsteht die schmerzende Brennesselquaddel. Streicht man aber mit dem Strich von innen nach außen am Blatt entlang, dann tut einem die Brennessel nichts, und ihr Blatt fühlt sich tatsächlich wie ein Fellchen an.

## 3.3. Freeclimber auf dem Balkon

Nicht von waghalsigen Sportlern an Häuserfassaden ist hier die Rede, sondern von grünen Pflanzen und einer Wildnis mitten in der Stadt, auf dem Balkon.

Um eine Wand zu begrünen, sich vor dem Wind oder Nachbars Blicken zu schützen oder möglichst schnell eine kleine grüne Oase zu schaffen, sind sie bestens geeignet, die einjährigen Kletterpflanzen: Trichterwinde, japanischer Hopfen, rankende Kapuzinerkresse und natürlich die Feuerbohne.

Im Laufe von 6–8 Wochen sind sie in der Lage, eine Wand zu begrünen. Mit einer guten Kletterhilfe wachsen sie bis zu 5 m in einem Sommer.

Mit Kindern Feuerbohnen zu ziehen, ist ein Erlebnis. Schon die

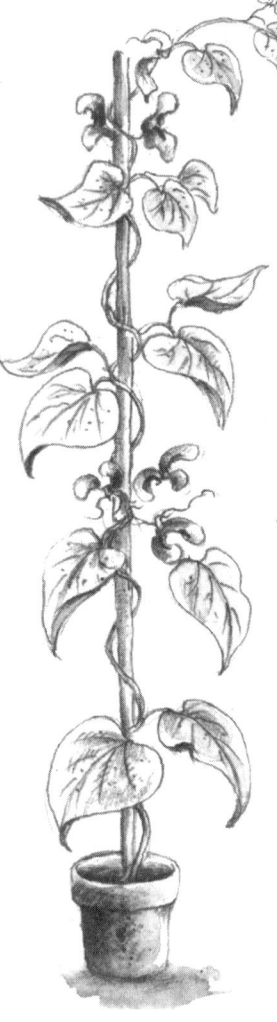

eigenartig gemusterten violett-roten Bohnenkerne lassen bunt schillernde Überraschungen erahnen.

Wir stecken die Bohnen nicht vor Mai etwa 2 cm tief in einen ausreichend großen, mit Kompost gefüllten Balkonkasten.

Zeitgleich legen wir eine Bohne auf ein Stück feuchte Watte in ein Glas. Die Keimung zu beobachten, gehört zu den spannendsten Wundern der Natur. Bald zeigt sich die kräftige Wurzel, dann der Sproß mit dem ersten Blatt. Jetzt will die Feuerbohne hoch hinaus. Die Kletterhilfe, eine Schnur oder eine Stange, sollte in der Nähe sein, denn der Trieb sucht sofort einen Halt, um sich daran hochzuwinden.

Jetzt kann man dem geschickten Freeclimber ohne Seil und Haken fast zusehen, so schnell klettert er.

Feuerbohnen sind übrigens robustere Geschöpfe als ihre edlen Verwandten, die Stangenbohnen. Sie werden kaum von Blattläusen und gar nicht von Bohnenrost befallen. Ihre rauhe, ruppige Oberfläche schützt sie.

Im Sommer zeigen sich feuerrote oder weiße Blüten. Aus ihnen entstehen die Bohnen, die, solange sie zart und frisch sind, lecker schmecken. Vorsicht! Ungekochte Bohnen sind giftig! Läßt man sie ausreifen, kann man später die bunten Bohnenkerne ernten.

Ein unermüdlicher Kletterer ist auch der einjährige oder japanische Hopfen. Anfangs wächst er langsam, dann ist er nicht mehr zu bremsen und wird bis zu 4 m hoch.

Auch die Trichterwinde mit ihren blau-violetten Blüten und die rankende Kapuzinerkresse, die wie die Feuerbohne auch gut im Schatten gedeiht, wachsen schnell.

Die schwarzäugige Susanne mit den lustigen, gelben Blüten braucht etwas länger. Sie blüht dafür lange und unermüdlich bis in den Oktober hinein.

## 3.4. Die Wurmkiste – Abfallverwertung in der Schatztruhe

Eine Kleintierzucht besonderer Art befindet sich in der Ecke auf unserem Balkon. Nicht Goldhamster oder Meerschweinchen sind gemeint, sondern die kleinen roten Regenwürmer, die sich munter sattfressen und vermehren und für uns dabei noch nützlich sind. Nudelreste, Apfelbutzen, Eierschalen vergrößern jetzt nicht mehr unsere Müllberge, nein, sie verschwinden einfach in der Kiste. Kinder haben meist keine Scheu vor den quirligen Komposttieren. Im Gegenteil. Sie finden es spannend, sie zu füttern und zu beobachten.

Die Kiste wird gemeinsam mit den Kindern gebaut. Zunächst machen wir eine Skizze und rechnen das benötigte Material aus. Die Maße betragen: Länge: 60 cm, Breite: 50 cm und Höhe: 40 cm. Darauf kommt ein Deckel. Wir benötigen: ungehobelte Fichtenbretter, ca 2,5 cm stark, Schrauben und eine Bohrmaschine sowie Scharniere. Möglich sind auch ungehobelte Nut- und Federbretter, sofern sie nicht dünner als 2 cm sind, denn das Holz soll die überschüssige Feuchtigkeit aufsaugen und nicht so schnell faulen. Die einzelnen Bretter werden durch Querleisten miteinander verbunden, dann werden die Seitenteile mit dem Boden verschraubt. Hierbei sind Muttis oder Vatis handwerkliche Fähigkeiten gefordert. Damit die Würmer genügend Luft kriegen, bohren wir in die obere Hälfte der Seitenwände einige Löcher. Der Deckel wird auf die gleiche Weise fabriziert und mit einem Scharnier an der Kiste befestigt. Natürlich kann die Form und Machart der Kiste variieren.

Die Truhe wird nun auf dem Balkon plaziert. Sie sieht aus wie eine rustikale Sitzbank. Dies ist durchaus eine mögliche Nutzung, denn auch auf einer Regenwurmfarm kann man gut sitzen. Jetzt kommt der spannende Teil. Die Kiste wird gefüllt. Für eine Wurmzucht brauchen wir eine spezielle Regenwurmart, den bei uns bekannten roten Mistwurm oder *Eusenia foetida*, wie der Lateiner sagt. Manchen ist er auch unter dem Namen „Tennessee-Wiggler" bekannt. Er ist klein und deutlich vom allseits bekannten Tauwurm durch seine roten und hellen Ringe zu unterscheiden. Er lebt im Misthaufen und überall, wo es vermodernde Pflanzenabfälle gibt. Vielleicht bekommen wir von einem Nachbarn eine Handvoll, sonst besorgen wir ihn uns bei einer Wurmfarm. Bevor wir die Würmer hineinsetzen, haben wir etwas Laubmulch, feuchte Zeitungspapierschnipsel, Gartenerde und als Impfung etwas angerotteten Kompost 20–30 cm hoch hineingefüllt. Dahinein geben wir die Würmer und füttern sie mit ihrer Lieblingsspeise: Kaffeesatz und Salatblättern. Zunächst wird wenig gefüttert. Später, wenn sich die Tiere eingewöhnt haben, versorgen wir sie mit unseren täglichen Küchenabfällen: Obst- und Gemüseresten, zerkleinerten Eierschalen, Teebeutel und Speiseresten. Nur gespritzte Südfrüchte lassen wir lieber weg. Wir wissen, wie wohl sich Regenwürmer im feuchten Milieu fühlen, deshalb sollte der Inhalt nie austrocknen. Ab und zu lüften und lockern wir und streuen vielleicht ein bißchen Gartenerde dazwischen. Im Winter stellen wir die Kiste nach Möglichkeit in den Keller oder den Hausflur.

Kinder sind neugierig. Immer wieder wird der Deckel aufgeklappt, um nachzuschauen, was die kleinen Kerle machen. Es ist spannend zu beobachten, wie sich die Kiste mit Leben füllt, vorausgesetzt wir haben alles richtig gemacht. Wenn wir die kleinen, millimetergroßen, weißen Wurmbabys sehen, dann wissen wir, jetzt fühlen sie sich wohl und sorgen für Nachwuchs. Vielleicht haben wir bald soviele Würmer, daß wir sie an Bekannte weitergeben können. Vielleicht ist *Eusenia foetida* schon bald ein beliebtes Tauschobjekt unter Mitschülern geworden. Unter dem Motto: „Tausche einen Maikäfer gegen 10 rote Mistwürmer."

Es dauert nicht lange, dann können wir den ersten Wurmkompost „ernten". Dazu schieben wir das unverrottete Material auf die eine Seite, den dunklen Regenwurmkot auf die andere. Ab jetzt geben wir die Abfälle nur noch auf die eine Hälfte. Dadurch wandern die Würmer weg von der fertigen Wurmerde hin zur neuen Futterquelle. Wir entnehmen die Erde und geben sie durch ein grobes Sieb. Dieser feinkrümelige, dunkle Kompost ist sehr fruchtbar. Wir verteilen den wertvollen Inhalt aus unserer Schatztruhe auf die Blumenkübel und Balkonkästen. Mal sehen, wie es jetzt wächst.

## 3.5. Achtung, der Salat schießt!

Wenn die Tage länger werden, besonders im Hochsommer, will jeder Salat blühen und Samen bringen, um sich fortzupflanzen, wie das alle Pflanzen tun. Wir ernten ihn nur normalerweise, bevor er zu „schießen" beginnt. Ein Salatkopf, der nicht geerntet wird, entwickelt sich zu einer herrlichen Pflanze. Der Stengel kann 1 m und länger werden, es bilden sich kleine gelbe Blütchen und später Früchte, die mit ihren hellen Federpinselchen den Samen des Löwenzahns ähneln.

Salatpflanzen haben Geschichte. Als sie aus dem Orient nach Griechenland kamen, haben sie die Griechen so begeistert, daß sie sie der Liebesgöttin Aphrodite widmeten. Seit damals ist übrigens bekannt, daß Salat beruhigt. Früher wurde er abends gekocht, um zum wohlverdienten Schlaf zu verhelfen.

Die beruhigenden Inhaltsstoffe stecken vor allem im Milchsaft des Blütenstengels. Natürlich sind beim Salat alle Teile gesund, Blätter, Stengel und Samen. Doch in die Höhe gewachsener Salat – also geschossener – enthält die meisten Heilkräfte.
Zu den Inhaltsstoffen des Salats gehören die Vitamine A, B, E und C

Info ( mehr in den grünen als in den inneren Herzblättern), viele Mineralien und Spurenelemente wie Jod, Nickel, Kobalt, Eisen, Mangan
und Kupfer, Zitronen- und Apfelsäure und Oxalsäure. Der bittere
Milchsaft enthält das beruhigende Alkaloid Lactucin. Außerdem
enthält Salat 95 % Wasser. Salat erfrischt, regt den Appetit an, wirkt
krampflösend und beruhigend, schmerzlindernd und schlaffördernd. Als Gemüse gekocht, kann er Kranken als leicht verdauliche
Kost verabreicht werden.

Heilkräftigen Salat kann man selbst ziehen. Er paßt in die kleinste
Lücke, ja sogar in einen Blumentopf! Er wächst schnell, ist gesund
und schmeckt gut. In guter Erde, bei genügend Feuchtigkeit und
Licht gedeihen Salate problemlos.

**Botanik und Pflanz-Tips**
Ob Kopfsalat, Pflücksalat, Römischer Salat, Eissalat oder andere,
alle haben die gleichen Chancen zu gedeihen. Wer die ganze Saison
über frische Salate ernten möchte, der pflanzt alle 10 Tage nach. Eine
Jungpflanze braucht 5–7 Wochen, bis sie ausgewachsen ist. Manche
Salate sind sogenannte Sommersalate, die im Sommer nicht zwangs-
läufig schießen müssen. Eissalat und verschiedene rote Salatsorten
bilden auch bei Hitze richtige Köpfe. Pflücksalate vertragen auch
Halbschatten und können gut eine Vitaminlücke überbrücken helfen, wenn wir immer mal wieder nachsäen. Vom amerikanischen
Pflücksalat zum Beispiel kann schon nach 3 Wochen geerntet werden. Nur von außen pflücken, dann bringt das Salat-Herz immer
neue Blätter. So werden laufend frische Vitamine geerntet. Eissalat
braucht mehr Platz als alle anderen Salate und wird erst ab Mai bis
Juli gesetzt. Der typische Endiviensalat ist ein Wintersalat und mit
dem Chicoree verwandt. Er wird im Juni gepflanzt.
   Sind die „Kartoffeln aus dem Putzeimer" (Kapitel 3.6.) geerntet
worden? Dann ist da Platz für kleine Mengen Ackersalat, der mit ein
wenig frischer Erde als Nachkultur ganz gut gedeiht. Im
August/September werden die kleinen Samen ein bißchen in die
Erde geklopft und stets gleichmäßig gegossen. Auch die kleinste
Menge lohnt sich, denn Ackersalat hat noch mehr Eisen und Vitamin
C als Kopfsalat.
   Übrigens, als Pflanzennachbarn mögen sich Salat und Petersilie
absolut nicht leiden!

## 3.6. Kartoffeln im Putzeimer

Kartoffeln können nicht nur im Garten gepflanzt werden. Sie haben auch in einem Putzeimer auf dem Balkon Platz.

Die Kartoffel kommt ursprünglich aus Südamerika, wo sie von Indianern schon vor Urzeiten angebaut wurde. Spanische Seefahrer haben sie im 16. Jh. zu uns nach Europa gebracht. Sie gehört zu den Nachtschattengewächsen wie die Tomate übrigens auch und die giftige Tollkirsche. Aus den weißen oder zartlila Blüten entsteht eine grüne Frucht. Vorsicht! Sie enthält das giftige Solanin. Auch Kartoffeln, die wir zu lange im Sonnenlicht liegengelassen und die sich grün verfärbt haben, können dieses Gift enthalten. Deshalb müssen die Knollen in unserem Eimer immer gut mit Erde bedeckt sein.

*„Unsere ersten eigenen Kartoffeln"*

*Beim Versteckspielen im Keller findet Max eine verschrumpelte Kartoffel hinterm Regal. „Toll, ein prima Wurfgeschoß! He, Tina, schau mal, ich schieß mit der alten Kartoffel die Dose vom Schrank runter!" Er will ausholen, doch, hoppla, schnappt ihm seine Schwester den Fund aus der Hand und sieht ihn sich näher an. „Von wegen alte Kartoffel! Guck mal, da wächst eine neue Pflanze heraus." Sie zeigt Max die weißen Sprossen. „Nie im Leben ist das eine Pflanze! Da sind ja gar keine Blätter dran, und außerdem ist das gar nicht grün, sondern ganz blaß." „Das sind ja auch erst die Triebe und ohne Sonnenlicht haben die keine Farbe. Das ist so ähnlich wie bei uns hellhäutigen Menschen. Im Winter, wenn du wenig draußen bist, siehst du nämlich auch ganz schön blaß aus." „Das ist was anderes", entgegnet Max und rümpft die Nase. „Die Pflanze braucht das Licht, um in ihren Blättern die grüne Farbe zu bilden. Chlorophyll nennt man die übrigens. Hier im dunklen Keller wachsen nur farblose Sprosse. Manchmal strecken die sich meterlang, nur um zu einem Fenster zu gelangen."*

*„Du, ich hab' eine Idee. Wir pflanzen die Knolle ein." Max sucht ein geeignetes Gefäß. „Der alte Putzeimer da ist gerade richtig. Oh, er ist unten aufgesprungen." „Umso besser", meint Tina, „dann kann*

*das überschüssige Wasser abfließen, und die Erde fault nicht. Wie beim Blumentopf, der hat ja auch ein Loch unten." Die beiden Kinder holen im Hinterhof unter den Sträuchern Erde und mischen etwas Kompost darunter. Auf den Boden füllen sie eine Schicht Steine und darauf etwa 20 cm Erde. Dann wird die Kartoffel hineingelegt und mit etwa 10 cm Erde zugedeckt. Den Kindern ist ganz feierlich zumute bei dem Kartoffelbegräbnis. „Ich bin gespannt." „Ich auch."*

*Jeden Tag laufen die beiden hinaus auf den Balkon und sehen nach dem Eimer. Endlich guckt das erste Blatt hervor. Kaum sind drei Blätter zu sehen, füllen Max und Tina rings um das Pflänzchen vorsichtig neue Erde auf, so daß die Blätter gerade eben noch rausschauen. Wenn die Pflanze nach einiger Zeit hochgewachsen ist, wird prompt weitere Erde aufgefüllt und so weiter, bis der Eimer randvoll ist. „Mit diesem Trick überlisten wir die Kartoffel, damit sie möglichst viele Wurzeln bildet und wir viele, schöne Knollen ernten", weiß Tina. Aber bis es soweit ist, müssen sich die Kinder noch einige Wochen gedulden.*

*Lange, viel zu lange müssen die Kinder warten, und sie haben den Putzeimer fast vergessen, als ihre Mutter sie eines Tages daran erinnert. Inzwischen sind die Blätter welk geworden und vertrocknet. So soll es sein. Das ist der richtige Zeitpunkt für die Ernte. Max und Tina leeren den Inhalt auf ein großes Tuch. 12 goldgelbe, reife Kartoffeln zählen sie. „Wow, es sind sogar 17 Stück, wenn wir die ganz kleinen dazuzählen!" „Und dieses graue Schrumpelding hier ist wahrscheinlich die Mutterkartoffel, die wir im Keller gefunden haben." „Das machen wir wieder einmal." „Ja, aber nächstes Jahr kaufen wir im Samengeschäft Setzkartoffeln, dann ziehen wir in einem Eimer Frühkartoffeln und in dem anderen späte." Als die Mutter schließlich die goldgelben Knollen in der Pfanne knusprig brät, sind Max und Tina ganz stolz: „Unsere ersten eigenen Kartoffeln!"*

## Schweizer Rösti

Man nehme mehligkochende Kartoffeln und koche sie so, daß sie nicht ganz weich sind. Erkalten lassen. In einer gußeisernen Bratpfanne zerläßt man Butterstückchen und erwärmt langsam auf mittlerer Stufe. Die grob geriebenen Kartoffeln werden in die warme (nicht heiße) Pfanne gegeben und mit Salz, Pfeffer und Muskatnuß gewürzt. Von Anfang an darauf achten, daß nichts anklebt, aber dabei die Kartoffeln nicht durcheinandermischen. Nach einiger Zeit den Röstifladen als Ganzes wenden. Dazu nehmen wir einen flachen Deckel zu Hilfe. Wieder Butter hineingeben und von der anderen Seite goldgelb braten.

## 3.7. Ringelblume – Pflanzennamen erzählen Geschichten

Ringelblume, Regenblume, Liebesblume, Wundheilblume, Sonnenbraut und Safranrose – so viele Namen für eine einzige Blume. Was versteckt sich hinter diesen vielen Namen? Manchmal sagen uns Pflanzennamen etwas über den Gebrauch der Pflanze oder ihre Bedeutung in früheren Zeiten. Damals waren die Menschen viel vertrauter mit den Pflanzen als heute, denn sie lebten von dem, was sie in der Wildnis fanden, wie Wurzeln, Rinden, Blätter, Körner, Beeren und Früchte. Waren sie krank oder verletzt, so sammelten sie Pflanzen, die lindern und heilen konnten. Aus Pflanzen stellten sie aber auch Kleidung und Schuhe her, bauten Hütten und Dächer, schnitzten Spielzeug oder bastelten Musikinstrumente. Pflanzen waren für sie Wetterorakel, wie die Ringelblume oder der Löwenzahn, oder Mittel gegen böse Mächte, wie das Johanniskraut oder der Majoran oder das Leinkraut, auch Frauenflachs genannt, das gegen den Bösen Blick an die Kinderwiege gehängt wurde. Pflanzen waren wie Freunde. Man hegte und pflegte sie und kannte ihre Namen. Und manche Pflanzen, die für viele Dinge gut waren, hatten sogar mehrere Namen, von Gegend zu Gegend immer wieder andere.

So könnte man über die Ringelblume zum Beispiel ein richtiges Blumen-Wörterbuch schreiben, das viel über diese beliebte Heilpflanze zu erzählen wüßte und uns manches verraten könnte über die Bedeutung ihrer Namen.

### Ringelblume

Was ringelt sich da eigentlich? Es sind die vielen Früchte, deren Fruchtschale die Samen beherbergen und die da in der verblühten Blume zusammengekringelt wie in einem Körbchen liegen. Diese Kringel gaben der Pflanze ihren Namen. Genauer angeschaut, entdecken wir, daß sie ganz unterschiedlich aussehen!

*Safranrose:* Den Kinderreim „Safran macht den Kuchen gel(b)" kennt heute noch jedes Kind. Aber Safran war und ist sehr teuer, das teuerste Gewürz der Welt. Die langen Narbenschenkel des Stempels der Safranpflanze, die unserem Krokus ähnlich sieht, ergeben eine intensive Gelbfärbung. Doch auch Ringelblumenblütenblätter färben gelb und wurden oft als Safranersatz verwendet. Solche Blütenblätter kann man natürlich auch heute frisch oder getrocknet zum Essen verwenden. Sie färben nicht nur, sie lassen die Speisen bunt werden, schmecken lecker und sind zudem noch sehr gesund. Warum nicht mal Blütenblätter über den Salat oder aufs Butterbrot streuen.

*Sonnenbraut* und *Regenblume:* Wie kleine gelb-orange Sonnen sind diese Korbblüten, echte Sonnenkinder. Sie schauen der Sonne direkt ins Gesicht.

Gleichzeitig sind die Blüten auch Wetterorakel. Wenn sie bis 9 Uhr noch nicht geöffnet waren, hieß das, es gibt Regen. Wer Ringelblumen genau beobachtet, wird also das Wetter voraussagen können. „Nein, heute gehen wir nicht ins Schwimmbad, es wird Regen kommen."

*Liebesblume:* Sie blüht und blüht den ganzen Sommer lang. Man wünschte sich, so reichlich und dauerhaft wie diese Blüten möge auch die Liebe blühen. Tatsächlich wurde Paaren, die heirateten, ein Ringelblumenstrauß geschenkt, um die Liebe zu erhalten.

*Wundheilblume:* Die sonnenfarbenen zarten Blütenblätter sind von wunderbarer Heilkraft. Sie lassen Wunden schneller heilen, wirken entzündungshemmend und glätten trockene, rissige Haut. Für aufgeschürfte Knie, wunde Babypopos oder kleinere Schnittwunden ist eine selbstgemachte Ringelblumensalbe genau das Richtige.

### Ringelblumensalbe:
Eine Handvoll frisch gepflückte Blütenköpfchen (der Kelch darf hier dabei sein) in 200 ml kaltgepreßtem Sonnenblumenöl 15 Minuten lang erhitzen (nicht „frittieren"). Absieben und das Ringelblumenöl wieder in den Topf geben. Ungefähr 40 Gramm gereinigtes, geriebenes Bienenwachs (aus der Apotheke) in diesem Öl zum Schmelzen bringen, dann den Topf vom Herd nehmen und kalt rühren. Wenn die Masse festzuwerden beginnt (Wachs setzt sich am Topfrand ab, und das Öl wird milchig-trübe), in bereitstehende sauber ausgekochte Töpfchen füllen. Mit Haushaltspapier bedeckt vollends erkalten lassen (das dauert einige Stunden, dafür setzen sich dann keine Kondenstropfen am Deckel ab, die schimmeln könnten) und erst danach die Deckel schließen. Gut 1 Jahr im Kühlschrank haltbar (Bei der Salbenherstellung sollte auf jeden Fall immer ein Erwachsener dabei sein!).

### Ringelblumenzucht:
Ringelblumensamen sind im Blumenkasten ganz einfach anzusäen. Ist die Ringelblume erst einmal angepflanzt, gedeiht sie überall mühelos und kommt alle Jahre wieder, am Fensterbrett, auf dem Balkon und natürlich auch im Garten. Nur viel Sonne braucht sie. Werden die Samen im April ausgesät, so beginnt die Ringelblume ab Juni zu blühen. Je mehr Blüten von einer Pflanze geerntet wurden, desto reichlicher blüht sie.

### 3.8. Wilde Bienen – ganz zahm!

Auf dem Balkon summt und brummt es. Den ganzen Tag über wird er von Gästen besucht, die eifrig von Blüte zu Blüte fliegen. Aber nicht die Honigbienen sind gemeint. Nein – hier geht's um ihre unbekannteren Verwandten, die Wildbienen. Der Name täuscht allerdings; Wildbienen sind eher ruhiger und zahmer als ihre berühmten Schwestern: Wenn man sie nicht drückt, kann man eine Wildbiene über die Hand laufen lassen oder ihr sogar vorsichtig über den Pelz streicheln, wenn sie auf einer Blüte sitzt. Das sollten Eltern jedoch in Ruhe selbst ausprobieren, bevor es mit den Kindern zusammen gemacht wird. So bekommt man ein Gefühl für die Tiere. Ihre „Zahmheit" hängt damit zusammen, daß die Wildbienen kein Volk verteidigen müssen, sondern meist alleine leben. Wildbienen kann man leicht mit den Honigbienen verwechseln. Sie sind aber normalerweise etwas kleiner und häufig braun, gelb oder rötlich behaart. Manchmal haben sie einen zweifarbig gestreiften Hinterleib.

Bei einem Spaziergang kann man unvermutet erste Bekanntschaft mit den Wildbienen machen. Man findet z.B. in einem abgestorbenen Baum Löcher, von denen einige fein säuberlich mit Lehm verstopft sind. Wenn man dann etwas Geduld hat und wartet, sieht man vielleicht eine kleine Biene, die mit einem Klümpchen Lehm an so einem Loch landet und es dann dort verbaut. Hinter jedem Lehmverschluß liegt ein Bienenei und Proviant in Form von Nektar und Pollen.

Bei uns gibt es über 400 verschiedene Wildbienen, die oft sehr passende Namen haben: Da sind zum Beispiel die schwarzen Maskenbienen, deren helle Gesichtszeichnung wie eine Maske aussieht. Die Beinhaare der Hosenbiene sind so lang, daß sie wie Pumphosen aussehen. Manche haben ihren Namen auch nach ihrer abenteuerliche Nestbauweise erhalten, wie z.B. die Wollbiene. Sie kratzt von stark behaarten Pflanzen die Haare ab, transportiert das Wollknäuel zum Nest und polstert es mit dem weichen Material aus. Die Mohn-Mauerbiene kleidet ihre Erdnester mit den roten Blütenblättern des Mohns aus, bevor sie ihre Eier legt. Fast jede Wildbienenart hat ihre ganz besondere Nestbauweise. Einige Mauerbienen legen ihre Eier nur in leere Schneckenhäuschen, die sie dann zusätzlich tarnen, indem sie noch einige Ästchen darüber legen. Seidenbienen brüten im Boden – dabei werden aber nicht einfach Erdlöcher gebuddelt. Die entstehenden Gänge werden mit seidenartigen Tapeten ausgelegt, die den Nachwuchs vor Feuchtigkeit schützen. Viele Arten legen ihre Eier in hohle Pflanzenstengel oder Steinritzen. Die Blattschneiderbienen sägen runde Stücke aus Blättern und rollen diese wie einen Teppich zusammen. Da hinein wird dann auch das Ei gelegt.

Wildbienen sind sehr wichtig für uns: Sie sorgen dafür, daß Obstbäume Früchte tragen und Blumen Samen bilden. Da es so viele verschiedene Wildbienen gibt, können auch mehr unterschiedliche Pflanzen befruchtet werden – Honigbienen alleine wären damit überfordert!

Alle Wildbienenarten sind eifrige Blütenbesucher, denn sie müssen alleine Nahrung für ihre Brut sammeln. Wie die Honigbienen sammeln sie Pollen und Nektar. Die meisten holen dabei Nektar mit ihrem Rüssel – als ob sie mit einem Strohhalm saugen würden. Dabei kann aber nicht jede Bienenart an jeder Blüte naschen, denn der Nektar sitzt unten im Blütenkelch. Nur wenn der Bienenrüssel lang genug ist, reicht er dorthin. Es gilt: langer Blütenkelch (z.B. beim Wiesensalbei) – langer Rüssel; kurzer Blütenkelch (z.B. bei Rosengewächsen) – kurzer Rüssel. Es gibt jedoch auch kleine Betrüger, die den Nektar nicht über ihren Rüssel aufsaugen, sondern einfach die Blüte unten aufknabbern und die süße Flüssigkeit räubern. Zum Glück tun das nicht viele, denn eine Befruchtung der Pflanzen findet so natürlich nicht statt. Die gesammelten Köstlichkeiten werden in das zuvor gebaute Nest getragen. Wenn ausreichend Proviant vorhanden ist, wird ein Ei darauf gelegt und das Nest wieder verschlossen – eine kleine Bruthöhle ist entstanden. Die kleinen Bienenlarven schlüpfen und ernähren sich erstmal von Mutters Vorräten, bis sie sich im nächsten Frühling, fertig entwickelt, durch die Wand ihrer kleinen Höhle beißen.

Die Wildbienen haben es bei uns nicht leicht. Viele sind vom Aussterben bedroht. Es gibt kaum noch Hohlwege, Lehmwände und morsches Holz. Außerdem brauchen sie einheimische Blumen und Sträucher. In den meisten Gärten finden sie aber nur fremdländische Blumen, mit denen sie nichts anfangen können. Auch die Spritzmittel machen ihnen schwer zu schaffen. Es gibt zudem immer weniger Blumenwiesen. Am besten können wir ihnen helfen, wenn wir auf Gift im Garten verzichten, Totholz stehenlassen, nur einheimische Gewächse pflanzen und Nisthilfen bereitstellen. Wenn die Nisthilfen auf dem Balkon angebracht werden, kann man die neuen „Haustiere" zudem an einem sonnigen Tag gut beobachten und ihre Entwicklung verfolgen.

### Nisthilfen für Wildbienen

- Bündel aus Holunderstengeln, Himbeer- oder Brombeerruten (oder andere markhaltige Stengel) vor Regen geschützt aufhängen.
- Hartholzblöcke mit einem Bohrer 5–10 cm tief anbohren, der Durchmesser sollte 2–10 mm und der Abstand von Loch zu Loch mindestens 2 cm betragen.

- Alte, hölzerne Zaunpfähle kann man ebenfalls anbohren.
- Bambusrohre mit einem Durchmesser von 3–10 mm und einer Länge von 10–20 cm in eine Konservendose stecken und aufhängen.
- In einen gelöcherten Ziegelstein Bambusrohre oder Holunderstengel stecken.

Wenn wir Nisthilfen aufhängen, müssen wir den Bienen aber auch die passenden Pflanzen anbieten.

Info   **Pflanzen für Wildbienen**
Samen einjähriger Wild-Wiesen-Blumen kann man als Mischung in Samenhandlungen besorgen. Sie wachsen auch im Balkonkasten sehr gut, wenn die Erde nicht zu nährstoffhaltig ist. Auch mehrjährige Stauden eignen sich als Bienenweide.

Mehrjährige Balkonblumen: Blaukissen, Büschel-Glockenblumen, Tripmadam, Mauerpfeffer, Gewürzpflanzen (siehe unten)

Wenn sogar ein Garten zur Verfügung steht, ist hier eine Auswahl besonders dekorativer Pflanzen, die gerne von Wildbienen angeflogen werden.
*Bäume und Sträucher:* Weißdorn, Schlehe, Wildrosen, Feldahorn, Weiden, Johannisbeeren, Brombeeren, Himbeeren
*Gewürzpflanzen:* Thymian, Borretsch, Ysop, Melisse, Bergbohnenkraut, Salbei
*Weitere Stauden :* Gold-Schafgarbe, Wegwarte, Edeldistel, Malven, Schlüsselblumen

# 3.9. Zitronenstrauch – die Pflanze, deren Duft betört

Ein Duft, der sofort in der Luft hängt, wenn man die Blätter berührt. Ein unnachahmlicher Hauch von fruchtig-weichem Zitronenduft. Das ist Zitronenstrauch, auch Zitronenverbene oder Zitronen-Eisenkraut genannt, *Lippia citroidora* oder *Aloysia triphylla*.

Dieser unscheinbare Strauch stammt aus Chile und Peru, von wo ihn die spanischen Eroberer nach Europa gebracht haben, zuerst ins sonnenverwöhnte Südfrankreich. Hier diente er anfangs nur zur Parfümherstellung. Heute aber verwendet man „Verbenenblätter" auch für aromatische Tees sowie für Salate und für Fisch-, Pilz- und Geflügelgerichte, vor allem aber für Desserts und Fruchtgetränke oder für Kräuterbowlen. Schon ganz wenige der rauhen, harten Blät-

ter, die sehr fein geschnitten dazugegeben werden, reichen aus, um Speisen zu aromatisieren. Der berauschende Duft wird von den Blättern abgegeben, ohne daß diese zerrieben werden müßten. Noch nach Jahren haftet der intensive Geruch den getrockneten Blättern an. Deshalb eignen sich die Blätter des Zitronenstrauchs auch besonders gut für Duftpotpourris oder Kräuterkissen, kleine Geschenke, die Sie mit Ihren Kindern ganz einfach basteln können und die zwischen Bettwäsche und Kleidung gelegt werden.

In der Heilkunde werden die Blätter des Zitronenstrauchs gegen Verdauungsbeschwerden, bei Blähungen und als leichtes Beruhigungsmittel verwendet. Als Heiltee sollte Zitronenverbene nicht zu häufig getrunken werden, weil sie die Magenschleimhaut angreifen könnte.

Wäre dieser Strauch nicht so kälteempfindlich, würde er sicher in jedem Kräutergarten wachsen. Als Kübelpflanze in einem ausreichend großen Topf oder über Sommer im Garten ist er bestens aufgehoben, braucht aber Wärme und Sonne und gute, aber nicht überdüngte Erde. Sobald die Temperaturen unter 4 °C sinken, wird er am besten ins Haus geholt, wo er nicht zu warm überwintern sollte. Mitte Mai darf der Zitronenstrauch wieder Frischluft schnuppern, wird kräftig beschnitten und an einen sonnigen Platz gebracht.

Die schmalen, spitzen hellgrünen Blätter wachsen in Quirlen am Stengel und fühlen sich rauh an. An den Triebspitzen stehen in rispenartig angeordneten Ähren die unscheinbaren blaßrosa Blütchen, die ebenfalls verwendet werden können. Die Blütchen sind das einzige Merkmal, das beim Zitronenstrauch an seine europäische Verwandte, unser heimisches Eisenkraut, denken läßt. Wenn sich der Zitronenstrauch bei uns wohl fühlt, kann er bis zu 2 m erreichen. In ihrer Heimat wird die Pflanze stolze 5 Meter hoch.

### Zitronenstrauchparfait
150 ml Milch mit einer ausgeschabten Vanillestange und 30 ml Apfeldicksaft erhitzen und leicht abgekühlt in 2 geschlagene Eigelb einrühren. Die Mischung wieder in den Topf geben und unter Rühren

langsam (sonst gerinnt sie) erhitzen, bis die Masse dick wird. Abkühlen lassen, 1 Teelöffel sehr klein geschnittene frische Zitronenverbenenblätter und 150 ml steifgeschlagene Sahne unterheben. In eine Eisform füllen und in den Gefrierschrank geben. Zum Servieren ein wenig Verbenensirup darübergießen.

### Verbenensirup
250 g Verbenenblätter mit 1 l Wasser aufkochen, bis zum Erkalten ziehen lassen und abseihen. Nochmals mit der gleichen Menge Zucker unter stetem Rühren aufkochen und sofort in vorgewärmte Flaschen füllen.

## 3.10.  Prickelnde Kräuterbowle, sommerlich frisch

Es ist Sommer und heiß. Die Pflanzen stehen in bunter Pracht, voll von Blüten und berauschendem Duft. Der Sommer ist die Zeit, in der viele Feste gefeiert werden. Jeder bringt etwas mit. Da gibt's einen Salat, etwas zum Grillen, Kartoffeln in der Schale, Pfirsichquark und zum Trinken eine Kräuterbowle. Eine Kräuterbowle ist die Krönung eines jeden Sommerfestes, eine kühle, prickelnde Köstlichkeit.

Zum Fest wird endlich mal wieder der große blaue Steinguttopf aus dem Keller geholt und frisch gespült. Den füllen wir zur Hälfte mit gutem Apfelsaft. Wir hängen einen „Kräuterstrauß" aus verschiedenen zusammengebundenen Kräutern hinein und rühren mit ihm ab und zu herum. Nach zwei bis drei Stunden wird der Kräuterstrauß aus dem Apfelsaftbad geholt und weggelegt. Er wird nicht mehr gebraucht, denn er hat alles gegeben, was wir haben wollten: seine köstlichen Duft- und Aromastoffe sind jetzt im Apfelsaft. Damit haben wir schon einmal einen sogenannten medizinischen Kaltauszug hergestellt, der nicht nur gesund ist, sondern köstlich schmeckt. Es duftet herb, erfrischend, kräftig, zart, süßlich oder zitronig – je nachdem, welche Kräuter wir in den Strauß eingebunden haben. Pro Liter Apfelsaft werden jetzt eine Flasche Mineralwasser und der Saft einer Zitrone zugegeben. Dann kann ausgeschenkt werden. Zur Dekoration in jedes Glas das Blütenblatt einer Rose oder Ringelrose legen, oder eine Gänseblümchenblüte. Auf alle Fälle gehört in den Kräuterstrauß die Zitronenverbene hinein, das Kraut mit dem intensivsten Duft. Pfefferminze, Zitronenmelisse, Thymian, Majoran oder Bohnenkraut gehören ebenfalls dazu und, wenn der Holunder blüht, auch die Blütendolden vom Hollerbusch, vom Lavendel höchstens ein Stengelchen, und Salbei ist in diesem Fall tabu, denn er schmeckt viel zu streng. Etwas Besonderes in einer Kräuterbowle sind die Blätter der schwarzen Johannisbeere oder einige angetrocknete Waldmeister- oder blühende Honigkleetriebe. Und natürlich dürfen die Blütenblätter der Duftrose nicht fehlen, die man als Dekoration in der Bowle schwimmen läßt. Wenn Kinder die Aromapflanzen kennen, werden sie ohnehin immer neue Mischungen zusammenstellen.

(Für Erwachsene kann in einer solchen Kräuterbowle natürlich auch ein Sekt die Seltersflasche ersetzen!)

## 3.11. Balkonspiele

Wo ein Balkon voller Pflanzen ist, da gibt es auch genügend Möglichkeiten für Spiele.

### Blütenmemory mit Riechparty auf dem Balkon

*Blütenmemory:* Auf ein Tuch werden ungefähr acht verschiedene Blüten von Pflanzen, die auf dem Balkon wachsen, gelegt. Ein zweites Tuch kommt darüber. Jetzt dürfen alle für eine kurze Zeit unters Tuch spickeln und müssen versuchen, sich die Blüten zu merken. Danach sollen die Kinder auf dem Balkon die passenden Blätter dazu suchen und jeweils ein Blatt davon mitbringen. Für die Kleineren wird es natürlich etwas leichter gemacht. Sie dürfen versuchen, die Blüten auf dem Balkon wiederzuentdecken.

*Blätter raten:* Jedes Kind bekommt 5 Blätter zum Tasten, Fühlen, Anschauen und Riechen in die Hand und soll sich alles merken. Jetzt werden die Augen verbunden und je eines der Blätter „blind" in die Hand gegeben – nur zum Fühlen, Tasten und Riechen. Wer errät, welches von den 5 Blättern sich in der Hand befindet?

*„Ich seh etwas, das du nicht siehst":* Auf einem Tuch liegen ganz viele unterschiedliche Dinge vom Balkon: Blätter, Blüten, Erde, Halme, Stengelstückchen, Samen usw. Immer abwechselnd darf sich jetzt jedes Kind einen Gegenstand mit den Augen heraussuchen. Die anderen versuchen durch Fragen herauszufinden, was es wohl sein könnte. Wer's weiß: nicht gleich verraten, sondern den Finger an die Nasenspitze legen. Hat jede Nasenspitze einen Finger drauf, zeigen sie bei „auf die Plätze los" – auf den (richtigen?) Gegenstand.

### Seifenblasen-Rezept

900 ml destilliertes Wasser mit 50 g Zucker mischen. 5 g Neutralseife (Haka-Werke) unterrühren und einmal aufkochen lassen. Diese Mischung ist im Kühlschrank etwa 5 Tage haltbar. Zu dieser Lösung werden vor Gebrauch 100 ml Wasser gegeben, in dem 2,5 g Tapetenkleister aufgelöst sind. Danach ist die Seifenlauge aber nur noch wenige Tage haltbar.

### Geräte

Es funktioniert mit Trinkhalmen, Pappröhren und Haushaltstrichtern – aber wenn wir besonders große Seifenblasen haben wollen, basteln wir einen Ring mit Haltegriff. Wir verwenden dicken Kupfer- oder Messingdraht (mindestens 2,5 mm). Der Durchmesser des Rings sollte 15–20 cm betragen. Anschließend wird der Ring mit Wolle umwickelt, damit mehr Seifenlauge „hängen bleibt". Die Lauge wird in flache Schüssel oder Teller gegeben (dann braucht man nicht so viel davon). Der Ring wird hineingelegt und seitlich hinausgezogen. Die Seifenblasen entstehen jetzt nicht durch pusten, sondern dadurch, daß man den Ring durch die Luft schwenkt.

Man kann auch die Fläche eines Campingtisches mit erhöhtem Rand mit etwas Seifenlauge bedecken und mit einem Trinkhalm Blasen auf den Tisch pusten. So entsteht eine Seifenblasenstadt. Wir können den Trinkhalm dann auch durch eine Blase stecken und in deren Innerem eine weitere Blase erzeugen. Auch auf einen Spiegel können wir die Blasen pusten. Ganz so zerbrechlich wie ihr Ruf sind Seifenblasen auch nicht. Wenn wir Wollhandschuhe an den Händen haben, können wir sogar Ball mit ihnen spielen

### Seifenblasen – bunt schillernde Träume

Seifenblasen hat jeder schon einmal in die Luft gepustet: Da gibt es so ein kleines Röhrchen mit Seifenlauge, in dem steckt ein ovaler Ring – tunkt man diesen in die Seifenlauge und bläst anschließend da hindurch, dann entstehen bunt schillernde Blasen.

Aber wer weiß, daß man sowohl die Seifenlauge als auch das Pustegerät selbst herstellen kann? Mit unserem Rezept entstehen dabei Riesen-Seifenblasen. Das wichtigste am Anfang: Geduld und üben. Wenn man dann noch ein paar Tricks kennt, kann gar nichts mehr schief gehen. Wenn aber diese Aktion auf einem Kindergeburtstag stattfinden soll, ist es wichtig, alles vorher ausprobiert zu haben. Die Enttäuschung durch ständig platzende Blasen ist sonst zu groß.

### Duftspiele

Mit aromatisch duftenden Pflanzen wie Pfefferminze, Zitronenmelisse, Thymian, Bohnenkraut, Petersilie, Schnittlauch, Maggikraut oder Salbei lassen sich einfache Duftspiele veranstalten.

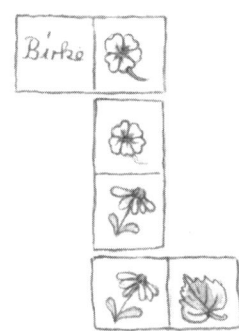

1. Drei verschiedene Duft-Kräuter klein hacken, auf je einen Teller geben und mit einer Tasse verdecken. Mit verbundenen Augen riechen lassen und dann auf dem Balkon suchen.
2. Drei Kräuter oder andere kleine Balkon-Gegenstände (z.B. Erde, ein nicht duftendes Blatt oder einen Blattstengel, eine Kerze etc.) in Schuhkartons mit verhängter Öffnung (siehe Zeichnung) geben, hineinfassen, riechen, fühlen, raten und suchen lassen. Den Schuhkarton kann man sich gut für kommende Jahre oder für Spiele im Zimmer oder im Freien aufheben.
3. Augen verbinden, dreimal drehen, zu einem „Riechkraut" hinführen – oder eines unter der Nase zerreiben –, etwas „in die Irre führen", dann die Binde abnehmen und „der Nase nach" suchen lassen.
4. Riechdetektiv: Mit verbundenen Augen riechen alle an den duftenden Dingen, die ihnen der Reihe nach unter die Nase gehalten werden, wie zum Beispiel aromatisches Bohnenkraut, duftende Blumenerde, Maggikraut, Tagetes, Geranie, Zitronenmelisse, Rosenblüten, oder was sonst so auf dem Balkon wächst. Nach jeder Duftprobe soll die Pflanze allein „der Nase nach" gefunden werden. Man kann das Spiel auch etwas schwieriger gestalten, indem man mehrere Düfte hintereinander zu riechen gibt und dann auf die Suche schickt.

### Bastelwerkstatt Balkon

*Blätter-Domino aus Balkonblättern:* Auf die Hälften länglicher Pappkästchen wird je ein Blatt geklebt oder ein Blumenname geschrieben, so daß sich ein Domino-Spiel ergibt. Es gelten auch die gleichen Regeln. So werden im Nu spielerisch die Balkonpflanzen kennengelernt. Kann jedes Jahr erneuert oder ergänzt werden.

*Blütenkette:* Aus frischen und abgefallenen Blüten und Blättern, Früchten und Stengeln Girlanden auf dünnen Draht fädeln, vielleicht auch mit anderen kleinen Kostbarkeiten zusammen, wie Perlen, bunten Wollfäden, Steinchen, Federn, Flechten, Rindenstückchen, Moos, Goldpapier o.ä. Das ist als Blütenkette oder Fensterschmuck ein originelles Geschenk.

# 4. Vor und hinter dem Haus

Vor und hinter dem Haus, da beginnt eigentlich der Aktionsradius von Kindern. Aber die heutigen Städte sind dominiert vom Auto. Bürgersteige und Hinterhöfe sind häufig asphaltiert, ohne Grünpflanzen, ohne Phantasie, ohne Möglichkeiten für Geselligkeit. Aber wenn sich Menschen in den Städten wohlfühlen sollen, dann brauchen sie grüne Flächen und Bäume. Pflanzen sind für uns lebenswichtig und verbessern das Klima in den Städten. Wußten Sie, daß eine große Linde bis zu 500 l Wasser am Tag verdunstet und soviel Sauerstoff produziert, daß ca. 8 Menschen frische Luft atmen können? Bäume hinterm Haus, in Parks oder Spielstraßen sind aber nicht nur als grüne Lunge von Bedeutung, sondern auch für Kinder ein beliebter Treffpunkt. Kinder können den Baum durch die Jahreszeiten hindurch beobachten, Früchte und Blätter sammeln, und bei manchen Spielen steht der große, mächtige Freund im Mittelpunkt. Zusammen mit Erwachsenen kann ein Straßenbaum mit einer Patenschaft geschützt werden. Wir können Baumscheiben anlegen und Nistkästen anbringen.

Auch Kletterpflanzen an einer Mauer oder eine Fassadenbegrünung beleben die Umgebung. Wer hinschaut, entdeckt viele Tierarten in der Stadt. Vor allem Vögel siedeln sich gerne in der Nähe von Häusern an. Kinder können hier Kohlmeise, Gartenrotschwänzchen, Blaumeise, Zaunkönig und Spatzen beobachten.

Die Natur würde sich die Stadt zurückerobern, wenn wir nicht überall übertrieben pflegen und saubermachen würden. Das beste Beispiel ist der Löwenzahn, der mit unglaublicher Kraft selbst Asphaltdecken durchstoßen kann. Auch Moose und Farne können wir in Mauerritzen und Hinterhöfen finden. Dort, wo die Anwohner den Kiesweg nicht regelmäßig vom Unkraut befreien, dort wo ein Steinhaufen, ein Schuttplatz nicht weggeräumt wurde und dort, wo ein morscher Holzstapel liegengelassen wurde, wächst und wuchert es von alleine. Überall in der Stadt findet man die sogenannten Pionierpflanzen, unter ihnen bedeutende Heilpflanzen wie Nachtkerze, Kamille, Johanniskraut, Haselnuß, Brombeere und Schöllkraut.

Oft sind gerade die wilden Flächen, die von den Stadtplanern vergessen wurden, faszinierend für Kinder. Kinder brauchen Spielräume mit Dickicht, Verstecken und Höhlen, wo sie unbeaufsichtigt sind und sich austoben können.

Im Hinterhof, auf gemeinsam genutzten Freiflächen können Anwohner mit Eigeninitiative und geringem finanziellem Aufwand solche Naturerlebnisräume schaffen. Eine Bepflanzung mit robusten Sträuchern, ein Wasserschlauch, eine Lehmgrube und Sand werden von Kindern oft lieber gemocht als teuere Klettergerüste.

Dazu gehört auch der Blumenrasen mit Krokussen, Löwenzahn

und Gänseblümchen. Er bietet bunte Abwechslung und läßt Fuß-ballspielen und Rumtollen zu. Und ist es nicht gerade das Gänse-blümchen, diese unspektakuläre kleine Pflanze, das Kinder immer wieder fasziniert?

## 4.1. Bäume

*Der alte Kastanienbaum vorm Haus*

*Ein heftiger Sturm hat in der Stadt gewütet. Er hat Ziegel von den Dächern gefegt, Äste von den Bäumen gerissen und Fahrräder umge-worfen. „Hoffentlich ist dem Kastanienbaum nichts passiert!" sagt Marco und eilt mit seinem Vater hinaus, um nachzusehen. Da steht er noch! Die Blätter sind zwar zerzaust und einige Äste gesplittert, aber sonst ist er ganz heil geblieben, der alte Baum. Unerschütterlich steht er da, mit seinen Wurzeln fest im Boden verankert, und breitet sein riesiges Laubdach aus. „Super, es ist ihm gar nichts passiert!" Seit Marco denken kann, steht die mächtige Kastanie hier, er kann sich die Straße gar nicht mehr ohne diesen Baum vorstellen. Im Frühjahr freut er sich, wenn die ersten Knospen aufplatzen, später beobachtet er die vielen Bienen und Hummeln, die die leuchtenden Blüten-kerzen besuchen, und im Sommer hört er am liebsten dem Wind zu, der das grüne Laubdach wiegt. Wenn dann im Herbst die stacheligen Hüllen herabfallen und die braunen, glänzenden Kastanien heraus-hüpfen, sammelt er die Früchte auf. Selbst im Winter ist Leben darin: In den kahlen Ästen haben die Krähen ihren Sammelplatz. Sommer wie Winter steht der Baum einfach da, und jedes Frühjahr entfaltet er aufs neue seine grüne Pracht. „Papa, wie alt ist der Kastanienbaum wohl?" „Ich weiß es nicht genau, aber ich glaube, daß er schon viele, viele Jahre hier steht. Hör zu, wenn der Baum sprechen könnte, wür-de er dir vielleicht folgende Geschichte erzählen:*

*‚Du möchtest wissen, wie alt ich bin, Marco? Wie viele Jahre ich hier schon stehe, weiß ich nicht mehr genau, aber ich kannte schon deine Ururoma und deinen Ururopa. Tja, das ist lange her. Ich habe sie gesehen, als sie Kinder waren, als sie groß wurden und selber Kin-der bekamen und wie sie alt wurden. Ich kenne die Menschen aus dieser Straße gut. Ich habe ihnen mit meinen Blättern im Sommer Schatten gegeben und bei Regen und Unwetter Schutz, und im Herbst habe ich mit meinen Kastanien den Kindern eine Freude ge-macht. Ganz früher war diese Straße noch nicht asphaltiert, sondern gepflastert und Pferdefuhrwerke und Karren holperten über die*

*Straße. Hunde liefen herum, ja sogar Gänse und Hühner, die zwischen den Vorgärten im Dreck scharrten. Kinder planschten in dem nahegelegenen Bach und spielten um meinen Stamm Ringelreihen. Abends trafen sich die Erwachsenen auf der Steinbank in meinem Schatten und plauschten miteinander. Eines Tages gab es eine große Aufregung: Ein klapperndes, rauchendes Ungetüm kam knatternd um die Ecke gefahren – das erste Automobil. Die Menschen liefen herbei und staunten, und einige winkten begeistert. Zu der Zeit wurde auch die Fabrik dort drüben gebaut, und Geschäfte eröffneten in der Straße. Die Menschen waren nun sehr beschäftigt und hatten keine Zeit mehr, sich abends in meinem Schatten auszuruhen. Nur die Kinder kamen noch zu mir zum Spielen. Sie hatten zwischen meinen kräftigen Ästen ein Baumhaus gebaut. Dann, ja dann kam der Krieg und dann noch ein Krieg, der war noch viel schrecklicher als der erste. In der Nacht haben Bomben und Feuer fast die Hälfte aller Häuser in dieser Straße zerstört. Durch das Feuer sind einige meiner Äste verbrannt. Aber das war nicht so schlimm im Vergleich zu dem, was die Menschen damals mitmachten. Ich erinnere mich noch gut an die laue Mainacht, als die ersten grünen Blätter an mir knospten. Da lehnte sich eine junge Frau an meinen Stamm und weinte lange Zeit. Die Jahre vergingen. Auf den Sommer folgte der Herbst und auf den Herbst der Winter, und in jedem Frühjahr brachte ich neue Blätter hervor. Die Häuser wurden wieder aufgebaut und die Straße verbreitert. Der Gehweg wurde bis dicht an meinen Stamm heran asphaltiert. Jetzt fuhren öfter Baufahrzeuge und Bagger an mir vorbei. Uff, ich glaubte, ich bekäme keine Luft mehr, so fest wurden meine Wurzeln gedrückt. Regenwasser kam kaum noch in die Erde hinein. Von Jahr zu Jahr fuhren mehr Autos durch die Straße und verpesteten die Luft. Sie quetschten sich in die wenigen Parklücken und stießen dabei an meinen Stamm. Damit die Autos auch bei Schnee und Eis gut fahren konnten, streuten die Menschen Salz. Wenn das Salz zusammen mit dem Regenwasser von meinen Wurzeln aufgenommen wurde, schnürte es mir fast die Kehle zu. Meine Blätter wurden ganz gelb und fielen herab. Aber das schlimmste war: Es kamen keine Kinder mehr zum Spielen. Ich hätte diese Zeit sicher nicht überlebt, wenn nicht eines Tages diese kleine Schar von Bewohnern mit Schubkarren und Geräten gekommen wäre. Dein Vater war auch dabei. Mit Pickeln haben sie den Asphalt aufgehackt und Erde um meinen Stamm ausgebreitet. Ah! Welche Wohltat, endlich konnte ich wieder richtig atmen. Die Kinder kamen und pflanzten Blumen auf meiner Baumscheibe. Sie sitzen jetzt auch wieder in meinem Schatten und spielen mit Kastanien. Seit hier eine Spielstraße ist, fahren viel weniger Autos. Aber gestern Nacht, als dieser schreckliche*

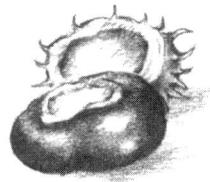

*Sturm an meinen Ästen zerrte, dachte ich: Jetzt ist es aus, jetzt wird der Wind dich fällen! Und ich habe all meine Kräfte zusammengenommen und mich am Boden festgehalten. Aber dann ging auch das vorbei, wie so vieles in meinem Leben. So, jetzt kennst du meine Geschichte.'" Marcos Vater hatte seine Erzählung beendet. „Oh, so alt ist er schon! Ich weiß was", ruft Marco aus, „dann feiern wir diesen Sommer seinen Geburtstag! Wir schmücken ihn ganz schön und machen ein Fest und laden Tommi und Marion ein!" „Und die anderen Kinder aus der Straße", entgegnet der Vater, „und die alte Frau Fritsch aus dem Eckhaus, die kann uns sicher noch eine Menge aus der Zeit von damals erzählen."*

## Rund um den Baum: Spiele und Aktionen

Bäume sind nie langweilig. Es gibt viele Möglichkeiten, zusammmen mit ihren Kindern Spiele und Rezepte auszuprobieren oder Neues zu entdecken.

### Baum-Steckbrief
Wie kann man die Bäume unterscheiden? Zum Beispiel an der Baumform: Manche Bäume wachsen kugelig wie der Apfelbaum, andere schießen in die Höhe, wie zum Beispiel die Pappel. Aber es gibt noch andere Formen, die man auf ein Blatt Papier malen oder mit Knete formen kann. Erkennen kann man Bäume aber auch an ihren Blättern. Das gewellte Eichenblatt kann man sich besonders gut merken. Und was ist im Winter, wenn keine Blätter an den Bäumen hängen? Wenn die Bäume noch kahl sind, steht der Blätternachwuchs schon in den Startlöchern. In den Knospen sind die jungen Blätter aber noch gut verpackt. Wer eines dieser zarten Gebilde vorsichtig auseinanderschält, staunt: Innen sind grüne Mini-Blättchen, die den großen schon sehr ähnlich sind. Die Knospen der Bäume sind genauso vielgestaltig wie die Blätter – auch an ihnen kann man die Bäume erkennen. Sie können spitz oder kugelig, glatt oder flaumig, langgestreckt oder kurz sein. Zum Baum-Steckbrief gehören also nicht nur Blätter und Früchte, sondern auch die Knospen. Auch die Samen unterscheiden sich. Nicht immer sind sie winzig und so gut in dickes Fruchtfleisch verpackt wie beim Apfelbaum: Bei der Kastanie ist er mit einer stacheligen Schale versehen und ganz schön groß.

Wie wär's mit einer „Baum-Sammlung". Für jeden Baum wird ein kleines Ästchen mit Knospen, ein Samen und ein gepreßtes Blatt gesammelt und die Baumform gemalt. Auch die Baumrinde sieht bei jedem Baum anders aus – und fühlt sich anders an. Wenn man ein Blatt Papier über die Rinde legt und mit einem dicken Buntstift darüber rubbelt, kann man einen Abdruck machen.

Ja – und dann riechen die Bäume auch noch unterschiedlich, vielmehr ihre Blätter. Spürnasen können sie mit geschlossenen Augen erkennen. Da gibt es zum Beispiel die herb riechenden Walnußblätter oder streng riechende Eichenblätter. Auch Holunderblätter haben einen ganz bestimmten Geruch, den man so leicht nicht vergißt.

### Blatt-Memory

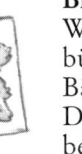

Wir brauchen Wasserfarbe, ein Teesieb, Karton und eine alte Zahnbürste – und natürlich Blätter von möglichst vielen verschiedenen Bäumen. Auf Kartonkärtchen wird mit Nadeln ein Blatt gesteckt. Die Zahnbürste wird in die Farbe getaucht und über das Sieb gerieben, so daß die Farbe auf den Karton spritzt. Nach dem Trocknen der Farbe wird das Blatt heruntergenommen: Ein Negativbild ist entstanden. Für jede Baumart werden so zwei Kärtchen bespritzt. Gespielt wird nach den bekannten Memory-Regeln.

Noch einfacher ist das Spiel gebastelt, wenn wir die Blätter pressen und auf die Kärtchen kleben.

### Kastaniencreme

Die Kastanien anschneiden und im Ofen bei 220 °C backen. Zwei Kastanien nicht anschneiden (die sollen uns zeigen, wann die Garzeit zu Ende ist: dann platzen sie). Wenn es knallt, sind alle Kastanien fertig gegart. Jetzt werden die Kastanien geschält und von der derben äußeren Hülle und der feinen inneren befreit. Letztere läßt sich nur von warmen Kastanien lösen. Also: die Kastanien während des Schälens in einem Tuch warmhalten. Mit dem Küchenmixer werden die Kastanien püriert. Dabei wird Milch zugegeben, bis eine cremige Masse entstanden ist. Gesüßt wird mit Honig.

### Holunderblütenküchle

Man bereitet einen dünnen Pfannkuchenteig (2 Eier, 2 Tassen Mehl, 1/2 Tasse Milch, 1 Teelöffel Backpulver, 1 Eßlöffel Honig), faßt die Holunderblüten am Stengel an und tunkt sie so in den Teig. Sofort werden sie mit der Blütenseite nach unten in heißem Fett ausgebacken.

### Was wird aus meiner Knospe?

Wenn man verfolgen will, welches Blatt aus einer Knospe herauswächst, sucht man sich im Winter einen möglichst tief hängenden

Ast. Da kann man alles aus nächster Nähe beobachten. Den Ast markiert man mit einem bunten Wollfaden oder einem Bändchen. Jetzt kann man ab und zu vorbeischauen. Wann kommen die ersten Blätter? Wie schnell wachsen sie? Ist der Zweig auch gewachsen?

### Jahresringe erzählen Geschichte(n)

Es macht besonders Spaß, die Geschichte eines alten Baumes mit vielen Jahresringen zu verfolgen. Das helle, grobporige Holz ist immer im Frühjahr entstanden, das dunkle, feinporige im Herbst. Beides zusammen ergibt einen Jahresring. Die Breite der Jahresringe geben Auskunft über gute und schlechte Jahre. So hatte der Baum genug Licht und Wasser, wenn der Ring breit ist. Man kann dann zurückrechnen, wann es besonders trocken war. Wie alt ist der Baum geworden? Wie dick war der Baum, als man geboren wurde? Wie dick, als die Großeltern geboren wurden? Welches historische Ereignis könnte er wohl gesehen haben?

### Blattpalette

Wenn im Herbst der grüne Farbstoff der Blätter abgebaut wird, sieht man die gelben und roten Farbstoffe, die vorher auch schon in den Blättern waren, besser. Auch diese werden dann noch weiter abgebaut.

Wir können jetzt eine Farbreihe legen, die vom frischen, grünen Blatt zum braunen, schon fast erdigen Blatt reicht.

### Wie weit reichen die Baumwurzeln?

Die Wurzelfläche eines Baumes läßt sich einfach bestimmen: Mehrere Menschen stellen sich rund um den Baumstamm. Alle schauen nach oben und gehen immer weiter zurück. Dabei nach oben schauen, denn unter dem äußersten Ast wird gestoppt. Der Menschenkreis zeigt jetzt die Wurzelfläche des Baumes an. Die Wurzeln reichen so weit, wie die Äste des Baumes.

## 4.2. Lästiger Besuch?

Das kennt jeder: Die Familie sitzt an einem schönen Spätsommertag draußen und genießt ihren Zwetschgenkuchen. Es dauert meist nicht lange, bis sich lästiger Besuch einstellt. Eine Wespe landet auf dem saftigen, süßen Kuchen und will ihren Anteil. Sie bleibt nicht alleine. Und spätestens dann, wenn die schwarz-gelben Tiere nicht nur den Kuchen, sondern auch uns selbst umschwirren, kommt Panik auf.

Oberstes Gebot ist jetzt: Ruhe bewahren! Denn außerhalb des Nestbereichs sind die meisten Wespen friedlich, und die Stiche sind nur für Allergiker ein Risiko. Trotzdem sollte man vorbeugen: Ruhiges Verhalten und langsame Bewegungen sind der beste Schutz. Hier ist es ganz wichtig, daß die Eltern ein Vorbild sind. Für Kinder ist es dann viel einfacher, gelassen zu reagieren.

Im Sommer sollte man keine Obstsäfte oder andere süße Getränke aus undurchsichtigen Behältern trinken. Schärfen sie ihren Kindern ein, daß sie hinschauen, bevor sie zubeißen oder trinken. Zu leicht übersieht man hineingekrabbelte Wespen, und Schlundstiche können gefährlich werden. In diesem Fall muß man sofort zum Arzt! Alle anderen Stiche sind nur unangenehm. Selbst mehrere sind keine Gefahr für die Gesundheit. Wird man trotz aller Vorsicht gestochen, kann man die juckende Anschwellung verhindern, indem man den Bereich des Einstichs mit Honig oder sehr süßer Marmelade bestreicht. Auch mit Zucker funktioniert der Trick. Vorher muß die Einstichstelle dann aber feucht gemacht werden (ablecken). Durch die hohe Zuckerkonzentration entsteht eine starke Saugkraft, die viel stärker ist, als wenn wir mit dem Mund saugen würden. Also: ein Stück Würfelzucker in die Reiseapotheke, zur Abschwellung von Wespen- und auch Bienenstichen.

Wespen lieben Süßes. Sie brauchen die Energie des Zuckers zum Fliegen – der süße Saft ist sozusagen das Flugbenzin. Zur Aufzucht des Nachwuchses fangen sie allerdings auch Insekten. Die Larven brauchen Eiweiß, um groß und stark zu werden. Unter den erbeuteten Tieren sind oft Schädlinge. So helfen also auch die Wespen, das Gleichgewicht in der Natur aufrecht zu halten. In der Nähe von Wespennestern gibt es keine Fliegenplagen.

Wespen haben das Papier schon Millionen von Jahren vor den Chinesen erfunden. Aus Papier werden nämlich die kunstvollen Nester der Wespen gebaut. Die Wespen nagen Holz ab und vermischen es mit ihrem Speichel. Man kann den Wespen zuschauen und auch zuhören (!), wie sie mit ihren kräftigen Kiefern z.B. Holzpfähle abraspeln. Wenn verschiedene Holzsorten gebraucht werden, ist das Nest geringelt. Das Papier ist sogar durch eine Beschichtung wasserfest.

Die Waben sehen aus wie die der Honigbiene, aber alles ist aus Papier. Ein Nest kann aus mehreren Wabenstockwerken bestehen und ist meist mit einer Hülle umgeben: Von außen sieht es aus wie ein Papierballon, der, von einem kleinen Stielchen gehalten, nach unten hängt. Die Hülle ist ein guter Schutz: Die Nesttemperatur bleibt so immer ungefähr gleich. Der Nachwuchs in den Waben braucht etwa 30 °C, um sich zu entwickeln. Ist es draußen kälter, erzeugen die Ar-

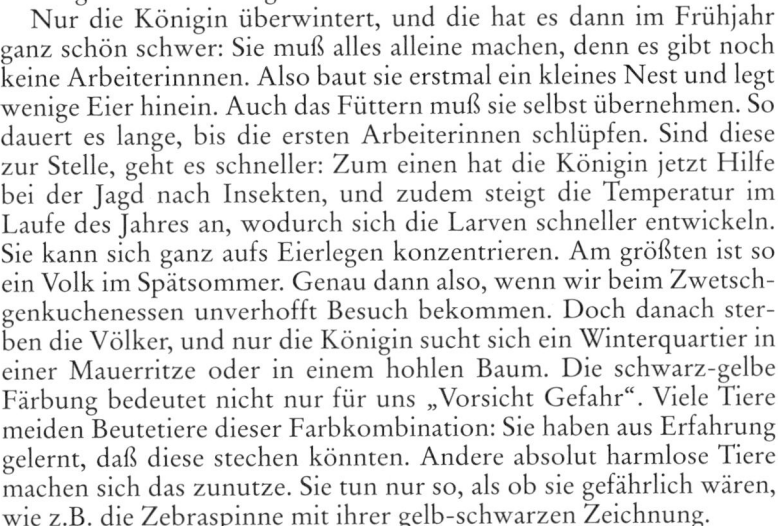

beiterinnen durch Muskelarbeit Wärme. Ist es im Sommer zu heiß, transportieren sie Wassertröpfchen ins Nest. Das verdunstende Wasser sorgt für Abkühlung.

Nur die Königin überwintert, und die hat es dann im Frühjahr ganz schön schwer: Sie muß alles alleine machen, denn es gibt noch keine Arbeiterinnnen. Also baut sie erstmal ein kleines Nest und legt wenige Eier hinein. Auch das Füttern muß sie selbst übernehmen. So dauert es lange, bis die ersten Arbeiterinnen schlüpfen. Sind diese zur Stelle, geht es schneller: Zum einen hat die Königin jetzt Hilfe bei der Jagd nach Insekten, und zudem steigt die Temperatur im Laufe des Jahres an, wodurch sich die Larven schneller entwickeln. Sie kann sich ganz aufs Eierlegen konzentrieren. Am größten ist so ein Volk im Spätsommer. Genau dann also, wenn wir beim Zwetschgenkuchenessen unverhofft Besuch bekommen. Doch danach sterben die Völker, und nur die Königin sucht sich ein Winterquartier in einer Mauerritze oder in einem hohlen Baum. Die schwarz-gelbe Färbung bedeutet nicht nur für uns „Vorsicht Gefahr". Viele Tiere meiden Beutetiere dieser Farbkombination: Sie haben aus Erfahrung gelernt, daß diese stechen könnten. Andere absolut harmlose Tiere machen sich das zunutze. Sie tun nur so, als ob sie gefährlich wären, wie z.B. die Zebraspinne mit ihrer gelb-schwarzen Zeichnung.

Wer an Wespen denkt, meint meistens die gelb-schwarzen, staatenbildenden Insekten (und nur um die geht es auch hier). Allein davon gibt es in Deutschland viele Arten. Unsere größte einheimische Wespe ist die Hornisse. Sie sieht ähnlich aus wie die schwarz-gelbe Verwandte, ist aber deutlich größer und vorn rotbraun gefärbt. Die Weibchen werden bis zu 3,5 cm lang. Damit sehen sie wirklich beeindruckend aus, und so ist es kein Wunder, daß die abenteuerlichsten Gerüchte kursieren: „Drei Hornissenstiche töten einen Menschen und sieben ein Pferd." Das ist aber nichts als Aberglaube: Die Wirkung eines Hornissenstichs ist nicht größer als die eines gewöhnlichen Wespenstichs. Hornissen sind die Adler unter den Insekten. Ihre Hauptnahrung besteht aus Baumsäften und Fallobst, für ihre Brut jagen sie jedoch bei Tag und Nacht Insekten. Pro Tag werden 500 g Insekten an ein Volk verfüttert, darunter viele Forstschädlinge. Eine ganze Menge! Dabei jagen sie sogar Wespen. Weil Hornissen immer weniger Nistmöglichkeiten finden, ist ihre Zahl in den letzten Jahren immer mehr zurückgegangen. Sie sind Dunkelhöhlenbrüter und auf Totholz angewiesen.

**Was ist zu tun, wenn Wespen fliegen?**
- Ruhe bewahren.
- Vorsicht im Nestbereich. Einen Sicherheitsabstand von 3–4 m einhalten. Wespen greifen an, wenn das Volk bedroht wird. Nicht im Nest stochern und klopfen. Nicht die Flugbahn verstellen. Schon der Luftzug des Atems irritiert sie.
- Meist sind die örtlichen Feuerwehrstationen Anlaufstelle bei Problemen mit Wespen- und Hornissennestern. Die Entfernung der Nester ist für Privatpersonen kostenpflichtig, für Kindergärten und andere öffentliche Einrichtungen ist der Service meist umsonst.
- Völker nicht gleich umsetzen. Man kann die Flugbahn der Tiere z.B. mit Fliegengitter verändern, so daß sie nicht gerade immer über die Terasse anfliegen.

## 4.3. Die Nachtkerze – Blütenentfaltung im Zeitraffer

Wer hat schon einmal einer Blüte beim Aufblühen zugeschaut? Vielleicht im Fernsehen, im Zeitraffer. Doch das geht auch in der freien Natur, im Feld, im Garten oder auf dem Balkon, und zwar am besten mit der Nachtkerze. Bei einer Nachtkerze dauert es nur eine Viertelstunde, bis sie voll erblüht ist. Auch ungeduldige Kinder können sie also gut dabei beobachten.

Nachtkerzen entfalten ihre gelbleuchtende Blüte erst bei einsetzender Dämmerung und nur für eine Nacht. Diese Pflanze ist nämlich auf die Bestäubung durch nachtaktive Insekten angewiesen, für die sie ihren wunderbar anregenden Duft verströmt. Gerade in feuchten Nächten bleiben die Blütendüfte in Pflanzennähe, so daß die Nachtfalter, die hauptsächlich von Gerüchen geleitet werden, auf alle Fälle die Blüten finden. Doch nicht nur Nachtfalter mögen Nachtkerzen. Aus ihrem Heimatland Nordamerika ist bekannt, daß die Wurzeln eßbar sind. Ihrer rosa Farbe wegen wurden sie „Schinkenwurzel" genannt, man hat sie zubereitet wie Schwarzwurzeln. Auch die Blüte ist eßbar. Man kann damit z.B. einen Salatteller schmücken.

In den letzten Jahren ist die Nachtkerze auch in der Heilkunde berühmt geworden. In ihren winzig kleinen schwarzen Samen verbirgt sie eine echte Kostbarkeit, ihr teures Öl. Mit seinem hohen Gehalt an wertvoller „Gamma-Linolensäure", einer mehrfach ungesättigten Fettsäure, hat Nachtkerzenöl einen wichtigen therapeutischen Stellenwert und ist eines der teuersten Samenöle der Welt. Bei der Behandlung von hyperaktiven Kindern und ungestillten Kindern (Gamma-Linolensäure kommt in der Muttermilch, nicht aber in der Kuhmilch vor), bei Neurodermitis, zur Behandlung von trockener, empfindlicher Haut und zur Pflege von Haaren und von Nägeln leistet das Nachtkerzenöl wertvolle Hilfe.

Vor 300-400 Jahren ungefähr kam die Nachtkerze von Nordamerika nach Europa, wo sie sich schnell über den ganzen Kontinent ausbreitete. Anspruchslos, wie sie ist, wächst sie an Bahndämmen, Schuttplätzen, Wegrändern und ist auch immer mehr in Gärten zu finden.

Um wirklich dabeisein zu können, wenn sie in der Abenddämmerung ihre Blüten entfaltet, kann man sich diese Pflanze auch gut auf den Balkon holen. Die Nachtkerze braucht für ihre lange Pfahlwurzel einen hohen Topf und wird im August zum Blühen ansetzen. Bis in den Oktober hinein bildet sie täglich neue Blüten

Einige der länglichen Knospen oben an der 1 1/2 m hohen Pflanze sehen aus wie die ins Freie gereckten gelben Fühler einer Schnecke. Es ist der Blütenstempel, dessen vorwitzige Narben verraten, daß sich diese Blüte noch heute entfalten wird. Und das wird ge-

rade eine Viertelstunde dauern. Es beginnt mit einem leichten Zittern der Knospe. Dann kommt Spannung in die „Fühler", der Stempel macht einen Ruck, noch einen, und wie von innen her aufgezogen, schnellt er plötzlich mit einer kräftigen Drehbewegung herum. Zur gleichen Zeit entfalten sich in Gegenrichtung die vier Blütenblätter. Sie stehen wie Windmühlenflügel um den Stempel herum, verlieren nach einer kleinen Pause ihren straffen Halt und fallen ganz sacht und weich auseinander. Jetzt ist die Blüte bauchig geöffnet und zeigt strahlende warmgelbe, zittrig-dünne Blütenblätter – sie sind ähnlich zart wie die Blütenblätter des Klatschmohns –, während ihre Staubgefäße noch miteinander verklebt sind. Immer wieder geht ein kleiner Ruck durch die Blüte, bis ihre Blätter endlich wie in einer weit geöffneten Schale Stempel, Staubgefäße und nektarsüßes Geheimnis preisgeben.

Die fluoreszierende Pracht lockt Nachtinsekten an. Die Blüten leben nur kurz, denn ihr Lebenszweck, die Fortpflanzung, erfüllt sich schnell. Im Laufe des Tages verblühen sie. Doch an jedem Abend blühen an der Pflanze fünf bis fünfzehn weitere Blüten auf, und Abendspaziergänger und Balkonbeobachter können zusehen.

## 4.4. Wiese statt Rasen

Ein sauberer, gleichmäßig grüner, englischer Rasen ist etwas für Golfspieler. Für in der Stadt wohnende Familien mit Kindern sind solche aufwendig gepflegten Grünflächen nichts. Klar, zum Fußball spielen und Rumrennen braucht es Rasenflächen, aber sie sollten möglichst aufgelockert und bunt sein, und es sollte Platz für natürlichen Pflanzenwuchs vorhanden sein. Randstreifen eines Rasens z.B., die nicht so häufig betreten werden, können sich gut in eine Blumenwiese verwandeln. Dies kann auf verschiedene Weise geschehen.

### Methode 1
Der Natur ihren Lauf lassen, d.h., den Rasenmäher abschaffen, sich eine Sense besorgen und warten, bis eine Wiese wächst. Das ist der natürlichste und einfachste Weg. Es entwickeln sich dabei aber nur die Pflanzen, die diesem Standort angemessen sind; und das sind in der Regel nicht viele, denn der Boden ist meist überdüngt. Die bunte Vielfalt der Wiesenblumen aber, wie wir sie kennen, wächst nur auf nährstoffarmen Böden.

## Methode 2

Einige Inseln im Rasen schaffen, die mit Wiesenmischung eingesät werden. Die Inseln sollten groß genug sein (etwa 1 m²), damit sich die Aussaat gegen die starke Konkurrenz der Gräser behaupten kann. Wir spaten diese Stücke um und entfernen sämtliche Wurzeln und unerwünschten Kräuter gründlich. Dann wird eine Menge Sand eingebracht, damit der Boden durchlässig und mager wird. Die Samenmischung, die wir im Fachhandel nach einer Beratung besorgt haben, wird eingesät und mit einem Brett oder den Fußsohlen gut angedrückt. Der Boden muß gut feucht gehalten werden, denn die meisten Stauden keimen nur sehr langsam. Regenreiche Perioden, z.B. April oder September, eignen sich deshalb am besten zur Einsaat. Manche „Wiesenmischung" zeigt im ersten Jahr recht farbenfrohe Blüten, z.B. von Klatschmohn oder Kornblume. Der Farbenzauber ist jedoch trügerisch, denn die beiden sind typische Ackerbegleitkräuter. Im nächsten Jahr, wenn eine feste Grasnarbe besteht, werden sie verschwunden sein. Zu einer richtigen Wiese gehört der Schnitt. So schwer uns das vielleicht fällt, zweimal im Jahr müssen wir die Sense schwingen, damit sich die richtige Pflanzengesellschaft herausbildet. Erst mit der Zeit können wir uns an Margeriten, Storchschnabel, Natterkopf, Wiesensalbei und Bärenklau erfreuen. Einen Nachteil hat die Wiese: wenn sie hochsteht, können Kinder natürlich nicht darauf spielen.

## Methode 3

Wer sich für einen Trittrasen entscheidet und trotzdem Blumen pflücken möchte, muß einen Blumenrasen anlegen. Das ist ein 10–15 cm hoch wachsender Rasen mit Krokussen, Narzissen, Gänseblümchen, Ehrenpreis, Veilchen oder Kissenprimeln. Der Rasenmäher, der jetzt nur noch selten benutzt wird, kann den dicht am Boden kauernden Blütenstauden nichts antun. So ein farbenfroher Rasen ist ein guter Kompromiß und eignet sich vor allem für kleinere Flächen. Wir säen entweder die fertige Samenmischung aus oder bepflanzen Inseln mit jungen Setzlingen. Die Blumenzwiebeln werden im September/Oktober 5–10 cm tief in die Erde gesteckt, nachdem wir mit Hilfe einer Pflanzschaufel die Grasnarbe geöffnet haben.

### Sonne und Sterne

*Jedes Kind kennt ihn, der mit seinen gelben Blütensonnen die Wiesen im Frühjahr zu prächtigen, leuchtenden Teppichen verwandelt: den Löwenzahn.*

*Wenn ihr euch einmal die Blätter dieser Blume genau anseht, dann wißt ihr, woher er seinen Namen hat. Sie sind scharf und spitz gezackt wie die Zähne des Löwen. Von den vielen tausend Löwenzähnen, die da beisammenstehen, gleicht kein Blatt dem anderen.*

*Im März, wenn es warm wird, sieht man zuerst nur die Blattrosette. Die Blätter, jetzt als Salat gegessen, sind ein guter Vitamin-C-Spender und geben uns so richtige Löwenkräfte für das beginnende Frühjahr. Dann sprießt der röhrenförmige Stengel mit den Knospen – und an einem sonnigen Tag öffnen sich zu Hunderten und Tausenden die strahlend gelben Blütensonnen. Wie schön, die ersten Bienen und Schmetterlinge darauf zu beobachten. Kein Wunder bei dem zarten honigähnlichen Duft der Blüten. Diese haben ganz feine Sinne: Sie spüren genau, wann die Sonne scheint oder ob der Himmel voller Regenwolken ist. Am Nachmittag, bevor es dunkel wird, schließt der Löwenzahn seine Blüte. Und wenn es an einem Tag regnet, dann läßt er die Blüte lieber ganz geschlossen, bis die Sonne wieder scheint. Bei starkem Sonnenschein braucht ihr bestimmt eine Sonnenbrille. Wie wär's mit einer aus Löwenzahn? Durch einen Stengel zwei Schlitze machen und zwei andere Blütenstengel hindurchstecken.*

*Und nach der Blütezeit? Wer kennt nicht die zarte Kugel der Pusteblume mit den vielen silbrigen Sternen? Das sind lauter Samen, die darauf warten, daß der Wind sie weiterträgt, bis sie an einer anderen Stelle herunterfallen und keimen können. Richtige kleine Fallschirme sind das. Ihr könnt ein Samenkorn in einen Topf mit feuchter Erde stecken und warten, bis eine neue Pflanze entsteht.*

*Daß Löwenzahn ein gutes Hasenfutter und eine Delikatesse für Meerschweinchen ist, wißt ihr bestimmt. Aber habt ihr Löwenzahn schon einmal gegessen? Probiert's doch mal! Aber halt, nicht wie die Hasen in die dunkelgrünen Blätter beißen, die sind bitter! Nein, wir suchen uns die zarten, jungen, hellgrünen Blätter aus, oder vielleicht findet ihr sogar hellgelbe Blattspitzen aus Maulwurfshügel hervorschauen. Die nehmen wir!*

Pro Person einen Apfel und eine Kinderhandvoll Löwenzahnblätter, ein hartgekochtes Ei oder ein paar Käsewürfel. Eine Soße zubereiten aus Joghurt, Sauerrahm, Zitrone, Senf, Pfeffer und Salz. In diese Soße den kleingeschnittenen Apfel und die lauwarm gewaschenen und grob zerzupften Löwenzahnblätter hineingeben. Und mit Ei und Käse überstreuen. Gut passen geröstete Brotwürfel, noch heiß darübergestreut, dazu. Guten Appetit!

### Das Gänseblümchen

Freya, die germanische Göttin der Liebe und des Glücks, hütete einst in ihrem Zaubergarten ein kleines Pflänzchen: das Gänseblümchen. Seinen Namen erhielt das Blümchen jedoch nicht von dieser Göttin, sondern von seiner Bekanntschaft mit den Gänsen. Und das kam so: Das Gänseblümchen braucht viel Licht, um gedeihen zu können. Es darf nicht überwuchert werden von größeren Pflanzen. Und genau dafür sorgten früher die Gänse. Dort nämlich, wo sie weideten, hielten sie das Gras immer schön kurz. Auch regten sie es zu ständig neuer Blüte an. Die geöffneten kleinen Blütensonnen des Gänseblümchens verspeisten sie nämlich, die Blätter aber, die als grundständige Rosette flach am Boden geduckt liegen, konnte ihr Gänseschnabel nicht erreichen. So konnte das Blümchen immer wieder neu erblühen. Wir alle kennen die Pflanze. Und wer von uns hat nicht schon damit gespielt oder gar einen Kranz geflochten. Schon im Mittelalter wurden Kränze aus Gänseblümchen gewunden. War dann ein Kind krank, litt es vielleicht an einem Fieberkrampf, so wurde ihm ein solcher Kranz unter das Kopfkissen gelegt, damit es dadurch geheilt werde. Wir lächeln heute vielleicht darüber. Unsere Vorfahren jedoch wußten noch um die Heilkraft des Gänseblümchens.

Das Tausendschönchen, wie es auch genannt wird, ist in der Tat ein wunderbar sanft und mild wirkendes Heilmittel und als solches für Kinder besonders geeignet. Es wirkt schleimlösend, auswurffördernd, mild krampfstillend, stoffwechsel- und wundheilungsfördernd. Wenn Ihr Kind Husten hat, können Sie ganz einfach einen Tee aus Blättern und Blüten zubereiten, indem Sie 1 Teelöffel Kraut mit 1 Tasse Wasser aufbrühen. Und wenn Ihr Kind trockene, zu Ekzemen neigende Haut hat, geben Sie einen solchen Teeaufguß aus zwei Handvoll Kraut einfach ins Badewasser dazu.

Die Anwendung mit dem Gänseblümchen ist in der Tat kinderleicht. Tollen die Kinder einmal wild auf der Wiese herum und ziehen sich dabei kleinere Verletzungen zu oder werden von einer Wespe oder anderen Insekten gestochen – das Gänseblümchen hilft: Ein Gänseblümchenblatt, frisch zerrieben auf die Wunde gelegt, läßt diese abschwellen und lindert den Schmerz.

Doch Gänseblümchen haben noch mehr zu bieten. Sie sind eßbar und sogar über das ganze Jahr zu ernten, denn das Gänseblümchen blüht selbst im Winter. Nur bei Nacht und feuchtem Wetter schließt es seine Blütenköpfchen. Aber bitte nicht dort pflücken, wo der Hund Gassi geführt oder wo mit Insektiziden gespritzt wird. Übrigens: Gänseblümchen, zwischen 12 und 13 Uhr gepflückt, zur Zeit des höchsten Sonnenstandes, bringen „Glück bey allem Thun und

Werken". Von Gestalt und Geschmack her ist das spatelförmige Blättchen dem Ackersalat ähnlich. Beide schmecken nußartig fein. Die Blüte, leicht süßlich, dient als wunderschöne eßbare Dekoration. Probieren Sie's mal!

### Salat

Bereiten Sie einen beliebigen Salat zu, geben Sie kleingeschnittene Gänseblümchenblätter darunter, und dekorieren Sie üppig mit den hübschen Blüten.

### Suppe

Für jedes Familienmitglied einen Eßlöffel Blüten und Blättchen feingewiegt in eine helle Mehlschwitze geben. Mit Gemüsebrühe auffüllen und aufwallen lassen. Abschmecken mit Zitrone, Salz, Pfeffer und Sauerrahm. In Butter angeröstete Brotwürfelchen oder Sonnenblumenkerne darüberstreuen. Mit Blüten des Gänseblümchens dekorieren und dann servieren.

## 4.5. Winterfütterung

Draußen ist es bitterkalt. Der Garten liegt unter einer Schneeschicht verborgen. Längst ist der Igel unter einer dicken Laubdecke in Winterschlaf gefallen. Im Herbst hat er sich eine dicke Speckschicht angefressen.

Für die Vögel, die nicht zum Überwintern in den Süden geflogen sind, ist es jetzt schwer Futter zu finden. Kinder lieben es, die Tiere im Winter zu füttern. Aber, helfen wir damit auch den Vögeln? Um es vorab klar zu sagen: Sie können überleben, auch wenn wir sie im Winter nicht füttern. Es gibt sogar Gründe, die dagegen sprechen. Wirklich gefährdete Arten werden durch die Fütterung gar nicht erreicht. An das Futterhäuschen kommen nur Vögel, die bei uns zahlreich vorhanden sind, wie z.B. Amseln, Blaumeisen, Spatzen und Grünfinken. Wenn wir sie noch zusätzlich füttern, kann es sein, das ihre Zahl noch weiter zunimmt. Sie können dann den Zugvögeln, die im Frühjahr wiederkommen und Nistplätze und Futter suchen, das Leben schwer machen. Und gerade die Zugvögel sind gefährdet. Ihre Brutplätze in Feuchtgebieten, an Bachläufen, in Wildhecken, Mauern und Scheunen werden von Jahr zu Jahr weniger. Rauchschwalbe, Wendehals und Weißstorch brauchen unseren Schutz. Aber mit einem Futterhäuschen können wir ihnen leider nicht helfen.

Ein Grund, der dafür spricht, Vögel im Winter zu füttern ist, daß wir sonst fast nie eine so gute Gelegenheit haben, wildlebende Vögel zu beobachten. Die Vögel besuchen einen einmal entdeckten Futterplatz immer wieder. Vom Fenster aus können wir mit den Kindern zusammen die verschiedenen Vogelarten und ihr Verhalten verfolgen. So sind zum Beispiel einige Vogelarten eher scheu und zurückhaltend, andere kämpfen regelrecht um einen Platz am Futterhaus. Manche Vögel sind gesellig und lassen auch andere Artgenossen zu, manche lassen sie nicht heran, bis sie selbst satt sind.

Damit wir keinen Schaden anrichten, ist es aber wichtig, einige Regeln zu beachten:
- Mit dem Füttern sollte erst begonnen werden, wenn eine dauerhafte Schneedecke liegt und wenn es anhaltenden Frost unter –5 °C gibt. Auf keinen Fall schon im Herbst, weil dann eigentlich besonders viele Beeren, Früchte und Samen zu finden sind.
- Nicht zuviel füttern, am besten nur einmal am Tag. Nie mehr geben, als die Vögel an einem Tag essen können.
- Keine Essensreste geben. Gesalzene Speisen und Brotkrümel, die im Vogelmagen quellen, sind Gift.
- Wenn man einmal angefangen hat zu füttern, muß man weiterfüttern, bis die Vögel im Frühjahr wieder selbst Futter finden können.
- Der Futterplatz darf für Katzen nicht erreichbar sein (z.B. eine Manschette um den Pfahl des Futterhauses legen).

- Das Futter sollte nicht naß werden, deshalb ist ein Futterhaus mit einem Dach gut geeignet. Außerdem darf es sich nicht mit Kot vermischen. Sonst können sich Salmonellenkrankheiten epidemieartig verbreiten, denn das Vogelhäuschen wird zur Ansteckungsquelle. Die Futterstelle sollte deshalb regelmäßig kontrolliert werden. Alte und aufgeweichte Futterreste müssen entfernt werden.
- Körnerfresser, z.B. Finken, Meisen, Sperlinge (deutlich erkennbar an dem kurzen, kräftigen Schnabel), mögen Sonnenblumenkerne oder Hanfkörner. Man kann auch Bucheckern und Hainbuchenfrüchte selbst sammeln.
- Zu den Weichfressern gehören Rotkehlchen, Stare, Drosseln und der Specht. Sie bevorzugen Haferflocken (besonders, wenn sie vorher in Öl eingeweicht wurden), Beeren, ganze Äpfel oder Birnen.
- Wer einen Garten hat, kann auch durch den Anbau heimischer Gehölze den Vögeln helfen: Sie mögen die Früchte von Wacholder, Efeu, Berberitze, Schwarzer Holunder, Hartriegel, Vogelbeere, Weißdorn, Schlehe, Hainbuche und Rotbuche. Es hilft auch,

den Garten im Herbst nicht radikal aufzuräumen, sondern die Samenstände von Stauden und Gräsern stehenzulassen. In den hohlen Stengeln der Stauden können die Vögel auch noch Insekten finden.

–  Im Frühjahr nicht zu lange füttern. Vogeleltern müssen ihrem Nachwuchs Würmer und Insekten bringen, da die Jungvögel noch keine Körner vertragen.

–  Man kann im Herbst Vogelbeeren sammeln und in der Tiefkühltruhe einfrieren. Sie können so einfach in die Sträucher gehängt werden, wenn die Vögel nichts mehr zu essen finden. Die Beeren können aber auch getrocknet und bis zum Füttern gelagert werden. Dazu eignen sich auch Beeren vom Weißdorn, von der Mehlbeere oder vom Holunder. Einfach ist es auch, eine Erdnußkette herzustellen: einen stabilen Faden mit einer Stopfnadel durch die Erdnüsse (mit Schale) ziehen. Zwischen den Nüssen einen Knoten im Faden machen.

## 4.6. Wenn der Hinterhof zur Erlebnisbaustelle wird …

Die Vorstellungen der Erwachsenen entsprechen meist nicht den Wünschen von Kindern. Grünflächen und Gärten, die nach ästhetischen Gesichtspunkten gestaltet sind, wo Blumen und Sträucher, Farben und Formen aufeinander abgestimmt sind, mögen vielleicht eine Augenweide sein, aber wo ist hier Platz für Kinder? In den Augen von Kindern ist so ein Garten fertig, da kann man nichts verändern oder neu gestalten. Aber gerade das mögen Kinder: experimentieren, etwas bauen und wieder zerstören, planlos, ziellos, chaotisch, spielerisch. Kinder suchen versteckte Winkel auf und Höhlen, wo sie abgeschirmt von den Augen Erwachsener ihren Phantasien nachgehen und Neues entdecken können. Wer sich an die Trümmergrundstücke aus den 50er und 60er Jahren erinnert, weiß sicher noch, welche Abenteuer einen da lockten. Es sind die vernachlässigten und verwinkelten Ecken im Viertel, die vergessene Wildnis, die zum Spielen und Erobern einladen. Es liegt in der Hand der Eltern, den Rahmen dafür zu schaffen, wo solche Erlebnisse heute gefahrlos möglich sind. Das setzt ein gewisses Umdenken voraus, ein Abrücken vom übertriebenen Ordnungsdenken und vom gestylten Garten, dafür aber Offenheit für Improvisation und kreatives Chaos.

 So wird ein Garten oder Hinterhof, wenn er einigermaßen groß ist, zum Abenteuerspielplatz. Statt teurem Klettergerüst und Schaukel mögen Kinder vielleicht lieber Wassergraben und Hügel? Wer sagt, daß das Gelände plan sein muß? Z.B. kann die Erdoberfläche so modelliert werden, daß eine Grube und ein Wall oder ein Hügel entstehen. Der Hügel wird mit robusten Sträuchern bepflanzt, die in 2 bis 3 Jahren so dicht gewachsen sind, daß Kinder leicht Hütten und Höhlen darin bauen können. Weiden sind hierfür ideal und können als lebende Bauelemente für Zäune und Zelte verwendet werden. Im Frühjahr werden die Weidenstöcke in den Boden gesteckt. Sie treiben noch im selben Jahr aus. Ihre vitalen Triebe werden miteinander verflochten, festgebunden oder gestutzt, je nachdem wie wir es brauchen. Korbweide und Salweide eignen sich am besten dafür. Damit die Gehölze gut wachsen, wird der Boden 20 cm hoch mit Rindenmulch abgedeckt. Der Belag ist federnd und weich und trocknet nach dem Regen schnell ab.

Der Erdaushub wird zur Matsch-, Sand- oder Kiesgrube und kann mit großen Steinen eingefaßt werden. Natürlich darf ein Wasseranschluß nicht fehlen. Erde und Wasser sind für Kinder die elementaren Spielobjekte schlechthin. Stundenlang können sie beim Plantschen, Matschen, Formen und Bauen verweilen. Wer keine Lehmerde hat, besorgt sich im Baumarkt ungebrannte Lehmziegel, die dann zerstoßen werden. Außerdem werden ein Haufen Sand und Kies und natürlich Schaufel, Hacken, Eimer und andere Gefäße benötigt.

Zur Baustelle im Hinterhof gehören je nach Alter der Kinder: Balken und Bretter, Äste und Stangen, Hammer, Nägel, Tücher, Holzklötze, Stroh und Laub. Was Erwachsene als Abfall betrachten, ist für Kinder eine wahre Fundgrube mit lauter nützlichen und anregenden Dingen: Da werden Bretter und Kartons zu Bauelementen für eine Hütte, die Plastikröhre zur Wasserleitung, Holzklötze zum Mobiliar, der Laubhaufen zur Matratze und zum Ort für Träume. Der umgefallene Baumstamm wird in der Phantasie zur Brücke über den reißenden Strom, ein Seil zur Urwaldliane, der alte Vorhang zum Indianerzelt. Keine Spielanleitung ist nötig. Diese elementaren und vielseitig nutzbaren Materialien genügen, damit Kinder frei spielen und die eigenen Kräfte und Fähigkeiten erproben können.

Erwachsenen, die sich an die Kinderbaustelle schlecht gewöhnen können, sei noch folgender Rat gegeben: Ein Werkzeugschuppen hilft Ordnung halten. Auch eine Ecke, die mit Sträuchern oder einem Weidengeflecht als Sichtschutz abgetrennt ist, kann als Materiallager dienen, wohin abends die benutzten Spielobjekte geräumt werden können.

Bepflanzung

**Geeignete Sträucher für Abgrenzungen und Höhlen:**
Purpurweide *(Salix purpurea)*
Korbweide *(Salix viminalis)*
Salweide *(Salix caprea)*
Schwarzer Holunder *(Sambucus nigra)*
Felsenbirne *(Amelanchier ovalis)*
Hasel *(Corylus avellana)*
Hainbuche *(Carpinus betulus)*
Feldahorn *(Acer campestre)*
Kornelkirsche *(Cornus mas)*

Das darf
nicht fehlen

Bretter (auf Nägel achten!), Rundhölzer, Balken, Baumstümpfe, Äste, Laub, Heu oder Stroh, Sand, Kies, Steine, Bauschutt, Lehm oder Lehmziegel, Wasser, alte Eimer, Röhren, Seil, alte Vorhänge, Wellblech, Karton, Plastikplanen, alte Dachkähner, Schaufeln, Hacken, Werkzeug (im Handel gibt es Kinderwerkzeug), Wasserschlauch, Gießkanne.

# 5. Garten

Von jeher war der Garten für die Menschen ein Symbol für das Paradies. Denken Sie nur an die biblische Schöpfungsgeschichte. Für die Stadtbewohner von heute bedeutet es schon ein kleines Glück, einen Garten zu besitzen. Es kann ein Ort der Ruhe und Erholung für die ganze Familie sein, ja, eine kleine Oase inmitten des grauen Alltags. Man ist abgeschirmt von der Hektik und dem Verkehr; man kann sich frei bewegen, ungestört träumen, und Kinder können gefahrlos spielen. Ein Garten ist auch ein wertvoller Schutzraum für bedrohte Pflanzen und Tiere. So können z. B. Igel, Erdkröten, Zaunkönig, Rotkehlchen, Ringelnatter und Blindschleichen gerade in Siedlungsgebieten mit Naturgärten eine Heimat finden. Hobbygärtnerinnen und -gärtner spielen demnach ein wichtige Rolle im Naturschutz. Zählt man einmal die Fläche sämtlicher Privatgärten in Deutschland zusammen, so ergibt das eine größere Fläche als die derzeit ausgewiesenen Naturschutzgebiete.

Gärten beherbergen eine bunte Vielfalt von Blumen, Gemüse, Kräutern und Beeren, von Obstbäumen, wilden Ecken und Sträuchern. Genauso bunt und vielfältig ist der Ertrag. Im Laufe eines Jahres können auch in einem kleinen Garten einige Körbe mit Salaten, Kartoffeln, Tomaten, Zucchini, Zwiebeln, Trockenblumen und Teekräutern geerntet werden. Nicht zu vergessen die Beeren und das Obst und die knackigen Radieschen, die vielleicht vor Ort verzehrt werden. Bereits ein Garten mit 80 m² Beetfläche reicht aus, um eine vierköpfige Familie weitgehend mit Gemüse, Salaten und Kräutern selbst zu versorgen. Gerade heute, wo viel Lebensmittel nur verarbeitet und über viele Kilometer Transportwege zu uns kommen, ist Gesundheit aus dem Garten von unschätzbarem Wert.

Wieviele Stadtkinder kennen Erbsen nur aus der Dose und Spinat nur aus der Tiefkühltruhe. Gärtnern mit Kindern macht Spaß. Am besten wird hierfür ein eigenes kleines Stück Beet abgetrennt, worüber das Kind frei verfügen kann. Auch wenn die Geduld von Kindern im Laufe eines Gartenjahres häufig nachläßt, so machen sie doch in dieser Zeit viele Erfahrungen mit der Natur und ihren eigenen Fähigkeiten, erleben die kleinen Rückschläge und den Erfolg mit der Ernte. Vielleicht wissen Sie noch aus eigener Erinnerung: Nichts schmeckt besser als eine Möhre, die frisch aus der Erde gezogen wurde, Himbeeren direkt vom Strauch oder die ersten süßen Kirschen vom Baum.

Für Kinder ist ein Garten darüber hinaus ein Ort für allerlei Spiele und kleine Abenteuer. Wenn Sie Platz haben, legen Sie gemeinsam mit Kindern einen kleinen Teich, ein Pflanzenhaus, eine Matschgrube oder eine Ecke mit Wildsträuchern an.

## 5.1. Endlich haben wir einen Garten!

*Eines Tages beim Abendessen sagt die Mutter: „Stellt euch vor, es hat geklappt, wir haben den Garten bekommen!" „Au Klasse! Hurra! Mensch toll!" tönt es zurück. Seit sie den Garten nun zum ersten Mal besichtigt haben, träumen die Kinder nur noch von ihrem grünen Paradies. Tobias und Fabian wollen ganz viele Blumen haben und hinten in der Ecke werden sie sich eine Hütte bauen. Franzi knabbert für ihr Leben gerne Möhren, wie das Häschen, sagt Oma immer. In Zukunft kann sie diese direkt aus der Erde ziehen. Clara will ein richtiges Beet anlegen mit Erdbeeren, Gurken und Kohlrabi und freut sich schon darauf, daß die Kirschen reif werden. „Au ja!" ruft Fabian, „und dann müssen wir auch unbedingt Mais anpflanzen, den ess' ich am allerliebsten." „Und du, Lena, was möchtest du gerne?" „Dampfnudeln!" kommt aus dem strahlenden Mund der Kleinsten. „In unserem Garten gibt es für alle was", sagt die Mutter und lacht. „Los, zieht feste Schuhe und Jacken an. Wir gehen raus!"*

*In den vergangenen Tagen haben sie zusammen einen Gartenplan gezeichnet und festgelegt, wo das Gemüse, die Himbeeren, das Kräuterbeet und der Kompost hin sollen. Nächtelang hat die Mutter Gartenbücher gewälzt und die Gemüsebeete eingeteilt, so daß sich Starkzehrer wie Tomaten, Kohl oder Gurken mit Schwachzehrern wie Salat, Erbsen und Kräutern abwechseln. Eifrig hat sie nachgelesen, wer sich mit wem verträgt und was alles zusammenpaßt. „Wir wollen ein Beet, von dem wir möglichst das ganze Jahr über etwas ernten können", verkündet sie später den Kindern. „Die Hauptkulturen Tomaten, Mais und Gurken sind die längste Zeit auf dem Beet. Davor und danach können wir noch etwas säen, das nicht so lange braucht wie z.B. Radieschen, Kresse oder Kohlrabi. Dann können wir schon bald nach der Aussaat was ernten. Und der Salat hat überall dazwischen Platz." „Das klingt ja furchtbar kompliziert", meint Franzi. Die Mutter hat sich wirklich viel vorgenommen. Sie hat aber auch ein Stück im Garten vorgesehen, wo jedes Kind machen kann, was es will.*

*Gut gerüstet mit dem Gartenplan, allerlei Geräten und Samenpäckchen, betreten sie an einem schönen Frühlingstag den Garten. „Das wichtigste ist, daß der Boden gut vorbereitet ist", sagt die Mutter und verteilt die Grabegabeln und Hacken an die Kinder. „Du redest wie meine Lehrerin!" mault Tobias. Er hat aber bereits begonnen, mit dem sogenannten Sauzahn die Erde zu lockern und das Unkraut zu entfernen. Die Kinder sind nicht mehr zu bremsen, so sehr macht ihnen das Graben Spaß. Sie entdecken dabei allerlei Tiere, Regenwürmer und Engerlinge. „Ein gutes Zeichen", meint Tobias,*

„dann ist der Boden gesund." „Vorsicht, Bahn frei!" ruft Clara. Sie hat bereits den Schubkarren mit Komposterde gefüllt und leert ihn mit Schwung auf das Beet. „Oh, wie toll sich das anfühlt!" Die Kinder wühlen gerne mit den Händen in der dunklen Erde. „Und wie gut das riecht!" „Oh je, guckt mal unsere Lena!" Lena hat auch gegraben und sich mit dem Schäufelchen die Erde in die Haare und auf den Pullover geschmiert. Franzi bringt die Samentütchen. Sie liest vor, wie tief und mit wieviel cm Reihenabstand der Samen ausgesät wird. Eine Reihe Zuckererbsen, eine Reihe Möhren, eine Reihe Kohlrabi und Salat als Setzlinge, dazwischen Radieschen und Kresse. Den Kindern läuft schon das Wasser im Mund zusammen, als sie die jungen Salat- und Kohlrabipflänzchen aus der Gärtnerei sanft in die Erde drücken. „Mama, wann können wir die Kohlrabi ernten?" „Da müßt ihr euch noch gedulden und inzwischen oft zum Gießen herkommen." „Damit es die Setzlinge in den kalten Nächten warm genug haben, legen wir über unser Beet noch eine Folie, die warmhält und Licht und Regen durchläßt", meint die Mutter. „Hab' Hunger!" ruft Lena. Ihr gefällt dieses lange Warten offensichtlich ganz und gar nicht.

Im Mai ist noch mal große Pflanzzeit. Jetzt kommen der Zuckermais, die vorgezogenen Tomatenpflänzchen, die Gurken und das Basilikum in den Boden. Und das schönste ist: Jedesmal wenn man jetzt in den Garten kommt, gibt es eine Kleinigkeit zu ernten, ein Radieschen, ein paar Minimöhren oder Schnittlauch. Beim Salat können sie jetzt richtig zusehen, wie er wächst. Es ist nicht einfach, die Kinder so lange bei der Stange zu halten. Beim Unkrautzupfen sind diesmal nur noch Clara und Fabian dabei. Dafür hat Franzi die letzten Wochen fleißig die Radieschen und die Kresse gegossen und die Schnecken abgelesen, die sie auf dem Nachhauseweg dann am Bachufer aussetzte.

Inzwischen ist alles prima gewachsen. In der Kinderecke sieht es besonders kunterbunt aus. Claras Erdbeeren und Erbsen sind gut gediehen, Tobias hat auf seinem Beet mit Bohnenstangen ein richtiges Zelt gebaut und bei Franzi wachsen Blumen und Gräser, nur leider keine Möhren. Da muß schon die Mutter helfen, um die langen und schmalen Keimblätter der Möhren vom Gras zu unterscheiden und freizulegen. Lena hat lauter Steine aufeinandergeschichtet und eine Matschgrube gegraben. Fabian ist besonders stolz: „Guck mal, wie groß mein Mais schon ist!" Clara ist ganz neidisch. „Kunststück", sagt die Mutter, „wenn man regelmäßig mit Brennesseljauche gießt. Mais braucht viel Nahrung, wie Tomaten und Gurken übrigens auch. Hier, nimm gleich mal davon, für dein Beet!"

Ausgerechnet als die ganze Familie in den Sommerurlaub geht, *beginnen die Tomaten rot zu werden. „So ein Mist!" knurrt Fabian. „Die darf der Nachbar sich nehmen, denn schließlich muß ja jemand den Garten gießen. Und wenn wir zurückkommen, hängen noch genügend Tomaten für uns dran," beschwichtigt die Mutter.*

*Zurück aus dem Urlaub ist die Überraschung dann groß.*

*Brennesseln haben das Blumenbeet von Tobias überwuchert, Schnecken haben Löcher in den Kohl gefressen und den Salat haben sie ganz verputzt, und die Erbsen sehen ziemlich trocken aus. Doch halt! Clara pflückt eine prall gefüllte Erbsenschote vom Strauch und puhlt die grünen Kerne heraus. „Mhm, schmecken die süß!" Es ist wohl das köstlichste, das sie jemals gegessen hat. „Und erst die Himbeeren und die Tomaten! Toll!" „Oh je, guckt mal, Franzis Salat blüht!" „Du bist blöd, ich wollte ja extra mal sehen, wie das aussieht. Und guck doch mal dein Beet an, da wächst alles wie im Urwald."*

*An diesem warmen Sommertag macht es den Kindern besonderen Spaß, im Garten zu sein. Tobias und Fabian haben sich in ihrer Hütte ein schattiges Plätzchen eingerichtet, Clara zupft Unkraut und träumt und hat alles um sich herum vergessen. Lena entdeckt ständig etwas Neues, einen Käfer, eine Spinne, aber am liebsten patscht sie im Wasser. Die Mutter gießt den Garten mit einem Schlauch, und wer will, kann sich darunter stellen. Herrlich! So endlos schön ist der Sommer, und soviele Tage haben die Kinder davon im Garten zugebracht. Als der Sommer langsam zu Ende geht, gibt es noch besonders viel zu ernten: den köstlichen Zuckermais, Möhren, Kürbisse und Sellerie. Im Herbst ernten sie dann noch Gemüsefenchel, Blumenkohl und Lauch. Ja sogar im Winter konnten sie einige Tüten voll Feldsalat mit nach Hause bringen.*

*Die Mutter ist inzwischen eine begeisterte Biogärtnerin geworden und hat die Erfahrungen dieses Sommers in ein Gartentagebuch geschrieben. Da haben auch die Kinder ihre gepreßten Blüten hineingeklebt oder aufgeschrieben, wieviele Regenwürmer sie heute gesehen haben oder wieviele cm der Mais gewachsen ist. „Mal sehen", sagt die Mutter, „vielleicht können wir nächstes Jahr mal neue Sachen ausprobieren."*

## 5.2. Beliebte Pflanzen auf dem Kinderbeet

Für ein Kinderbeet eignen sich vor allem pflegeleichte und robuste Gemüsepflanzen, die auch gerne gegessen werden, wie z.B. Tomaten, Erbsen, Kohlrabi, Möhren, Mais und Kürbis, und natürlich dürfen die schmackhaften und süßen Erdbeeren nicht fehlen.

### Sonnenhungrige Tomaten

Kein Sommer ohne Tomaten! Die köstlichen, aromatischen Früchte sind aus unserem Speisezettel nicht mehr wegzudenken. Die Tomate, die früher auch Liebesapfel genannt wurde, wird erst seit etwa 100 Jahren in unseren Gärten kultiviert. Davor betrachtete man die aus Südamerika zu uns gebrachte Tomate als Zierpflanze und wußte nichts von dem feinen Geschmack ihrer roten Früchte. Wir können Tomaten leicht auf dem Balkon oder im Garten anbauen. Wer die verschiedenen interessanten Sorten ausprobieren möchte, zieht sie am besten aus dem Samen. Die Favoriten bei Kindern sind sicherlich die süßen Kirschtomaten, die aus einer Wildform gekreuzt wurden. Daneben gibt es Fleisch-, Busch- oder Balkontomaten im Handel.

Die Tomate ist ein richtiges Sonnenkind. Ein geschütztes Plätzchen, z.B. vor einer nach Süden ausgerichteten Mauer, ist ideal. Die Setzlinge pflanzen wir in der zweiten Maihälfte und geben in das Pflanzloch viel angerotteten Pferdemist oder Kompost. Tomaten sind Starkzehrer, deshalb gießen wir mehrmals mit verdünnter Brennesseljauche. Neben die Pflanze schlagen wir einen Stab in die Erde, an der wir sie anbinden. Während des Sommers sollten die an den Blattachseln nachwachsenden Seitentriebe regelmäßig ausgebrochen werden. „Ausgeizen" nennt man das im Fachjargon. Bis Ende Oktober können wir ernten. Sogar die letzten grünen Tomaten, die vor dem Frost abgepflückt und nach Hause gebracht wurden, reifen manchmal nach.

Gute Nachbarpflanzen sind Petersilie, Kohl und Ringelblume, schlechte Nachbarn sind Kartoffeln und Gurken. Haben wir kräftige und gesunde Tomaten gehabt, dann pflanzen wir sie im nächsten Jahr genau an dieselbe Stelle, denn Tomaten lieben ihren eigenen Geruch.

### Erbsen, süß und knackig

Kinder mögen die süßen und knackigen Erbsen, und am liebsten pflücken sie sie direkt vom Strauch. Es gibt drei Sorten. Die Markerbsen, die aus den Schoten gepellt werden, sind besonders süß. Die jungen Zuckererbsen werden mitsamt der Schale roh oder in Butter gedünstet verspeist. Sie sind ein Geheimtip für diejenigen, die früh feines Gartengemüse ernten wollen. Die robusten Palerbsen können wir trocknen und später für Erbsensuppe verwenden.

Im April werden die Samen 5 cm tief in die Erde gesteckt und mit Reisig oder einem Gitter vor Vögeln geschützt. Die Erbsenkeimlinge stehen nämlich auf ihrem Speisezettel. Nach 3–4 Wochen ist das Pflänzchen schon gewachsen und streckt seine ersten Ranken aus. Jetzt braucht es eine Rankhilfe, ein Gitter oder in den Boden gesteckte Zweige, erst dann wächst es so richtig gut. Wir häufeln jetzt auch die Erde leicht an. Sieht man die ersten Blüten, dann können wir uns schon auf die ersten Früchtchen freuen. Bei Zuckererbsen erfolgt die Ernte bereits 6–8 Wochen nach der Aussaat. Die Erbse ist also das ideale Gewächs, das uns noch rechtzeitig vor den Sommerferien die wohlverdienten Früchte bringt.

Als Nachfolgekultur nach Erbsen pflanzen wir im Juni oder Juli Brokkoli oder Blumenkohl. Die Erbse hat, wie alle Pflanzen aus der Familie der Schmetterlingsblütler, auf wunderbare Weise den Gartenboden für die Starkzehrer vorbereitet. Sie hat nämlich mit Hilfe ihrer Wurzeln Stickstoff im Boden angesammelt, Das kann man gut sehen: Wenn man sich eine Wurzel einmal näher anschaut, entdeckt man die kleinen Knöllchen. Darin befinden sich Bakterien, die aus der Luft Stickstoff binden können. Wir schneiden deshalb das Laub ab und lassen die Wurzeln im Boden, wo sie verrotten und dem Kohl die nötigen Nährstoffe geben.

### Erdbeeren, klein und fein

Die süßen, Vitamin-C-haltigen Erdbeeren dürfen auf keinem Kinderbeet fehlen. Bei den vielen, im Handel angebotenen Sorten haben wir die Qual der Wahl. Es gibt früh und spät tragende, mehrmals tragende, sowie Klettererdbeeren und Monatserdbeeren. Die Pflanzen mit den mittleren und kleinen Früchten haben das beste Aroma. Eine alte Sorte aus Großmutters Garten ist z.B. „Mieze Schindler". Köstlichen Walderdbeerengeschmack hat die pflegeleichte Monatserdbeere, die für das Gärtnern mit Kindern besonders geeignet ist. Ein Erdbeerbeet will gut gepflegt sein. Die Erde soll dem Waldboden ähnlich sein, leicht sauer und mit viel Kompost, Mulch, halbverrottetem Laub oder Rindenstückchen angereichert sein. Eine Mischkultur mit Zwiebeln oder Knoblauch hilft Fäulnis vorzubeugen. Wenn die Früchte reif werden, mulchen wir mit Stroh. Die meisten Erdbeerpflanzen tragen nur 3–5 Jahre gut. Nach der Zeit sollten wir den Bestand verjüngen. Wir nehmen von der am besten tragenden Mutterpflanze Ableger, die wir gut bewurzeln lassen und im August auf ein neues, mit Kompost versorgtes Beet pflanzen.

Anders ist die Kultur der Monatserdbeere. Wir ziehen sie im März aus Samen auf der Fensterbank vor, pikieren sie und pflanzen die Setzlinge ab Mitte Mai ins Freie. Die Monatserdbeere eignet sich auch gut für Balkontöpfe, wo sie auch im Halbschatten noch gedeiht. Dort können wir Monat für Monat die kleinen süßen Früchtchen naschen, und wenn sie im März ausgesät wurde, geht das noch im selben Jahr.

### Kohlrabi

Im Frühjahr beginne ich die Gartensaison meist mit einer Mischkulturenpflanzung aus Kohlrabi und Salat. Weil die Nächte noch kühl sind, nutze ich dafür entweder meinen Frühbeetkasten, oder ich decke ein Beet mit Flies oder Folie ab. Die Kohlrabisetzlinge hole ich aus einer Gärtnerei, wo sie zu optimalen Bedingungen angezogen wurden. Sie brauchen anfangs warme Temperaturen, damit sie später Knollen bilden. Sie sollen kräftig sein und einen guten Wurzelballen haben. Ich pflanze sie, nicht zu tief, in 25 cm Abstand im Wechsel mit Salat. Die Mischkultur sieht mit roten Salaten besonders hübsch aus. Gegen Schnecken hilft eine Einsaat von Senf zwischen den Reihen, den wir später rausziehen und als Mulch liegenlassen. Auch ein Joghurtbecher, dessen Boden wir herausgeschnitten haben und den wir wie eine Halskrause um den Kohlrabi in die Erde stecken, hilft, den größten Schneckenansturm abzuwehren. Die Erde muß gehackt und die Pflanzung bei Trockenheit unbedingt gegossen werden, sonst schmeckt der Kohlrabi holzig und bekommt Risse. Die ersten Kohlrabi sind schon im Mai, Juni erntereif.

Wenn es warm genug ist, können wir von Mai bis Juni mehrmals Folgesaaten mit Kohlrabi ausbringen. Dazu ziehen wir auf einem Extrabeet die Sämlinge an und verpflanzen sie später zwischen Tomaten oder Sellerie, zwischen Gurken oder Salat.

### Die Möhre – ein Wurzelgemüse

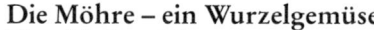

Ein richtiges Wurzelgemüse ist die Möhre. Im Spätsommer graben wir die unter unscheinbarem Laub im Erdreich verborgene orangefarbene Wurzel aus. Roh oder gekocht schmeckt das knackige Gemüse mit dem süßen und erdigen Geschmack groß und klein gleichermaßen. Und es ist gesund.

Aber am allerbesten schmeckt es natürlich aus dem eigenen Garten. Schon im März oder April säen wir die Samen in eine Rille mit gut ausgereiftem Kompost. Jetzt müssen wir uns gedulden, erst in 3–4 Wochen keimt der Samen, und zwei lange, schmale Blättchen sind zu sehen. Sie müssen jetzt auf 2 cm Abstand vereinzelt werden. Die Möhre wächst langsam aber stetig. Am liebsten mag sie sandigen, lockeren Gartenboden mit etwas Gesteinsmehl. Sie verträgt sich gut mit Zwiebeln, Lauch, Erbsen oder Salat.

Auf Wiesen und am Wegrand wächst die Schwester der Gartenmöhre, die wilde Möhre. Sie ist ca. 50 cm hoch und hat eine große, aus vielen kleinen Blüten zusammengesetzte, weiße Doldenblüte. Genau in deren Mitte hat sie als Erkennungszeichen einen dunkelroten Punkt.

## Popcorn und Zuckermais

Mais wird von vielen gegessen: von Menschen, Schweinen, Hühnern, Gänsen und Rindern. Deshalb wurde er von den indianischen Völkern Amerikas schon vor einigen 1000 Jahren angebaut und ist heute eine weltweit verbreitete Nahrungspflanze.

Kinder mögen am liebsten den Zuckermais. Seine jungen, saftigen Kolben schmecken am besten in Butter gebraten mit etwas Salz. Anfang Mai stecken wir je drei Körner zusammen etwa 5 cm tief in die Erde. Später lassen wir nur den kräftigsten Sämling stehen und vereinzeln auf ca. 30 cm Abstand. Da der Mais vom Wind bestäubt wird, brauchen wir unbedingt mehrere Pflanzen im Garten. Der Mais ist ein Vielfraß und immer durstig. Wie wir es bereits von der Tomate kennen, braucht er viele Nährstoffe aus der Erde. Deshalb geben wir recht viel Kompost auf die Erde und düngen regelmäßig mit verdünnter Brennesseljauche. Den Boden mulcht man mit herausgerissenem Unkraut oder Wiesenschnitt. Auch Blätter eines am Rand gepflanzten Kürbisses helfen, den Boden feucht zu halten. Als Mischkultur eignen sich Bohnen, Zucchini oder Gurken. Geerntet werden die noch jungen Kolben. Die Körner des Zuckermais müssen weich und etwas milchig sein, wenn man mit dem Finger draufdrückt. Dann schmeckt so ein goldgelber Kolben am besten.

Wer selbst Popcorn machen möchte, sät den Puffmais aus. Hier läßt man die Kolben ganz ausreifen. Die Puffmaiskörner werden in eine Kasserolle mit Deckel gegeben und in etwas Öl erhitzt. Bald platzt der Puffmais auf und schießt gegen den Deckel. Gezuckert oder gesalzen und warm gegessen schmecken sie köstlich.

## Tropische Gartenriesen

Der König im Gemüsegarten ist der Kürbis. Mit tropischer Wuchskraft stellt er alles um ihn herum in den Schatten. Er schafft es in einem Sommer vom Samenkorn bis zum flächendeckenden Giganten mit 10 m langen Trieben und bis zu 50 kg schweren Früchten.

Für diesen starken Gesellen brauchen wir schon viel Platz. Am Rand vom Kompost gepflanzt, kann er sich ausbreiten und mit sei-

97

nem Blattwerk denselben beschatten. Auch unaufgeräumte Ecken überwuchert er oder sorgt für Bodenbeschattung bei Zuckermais und Stangenbohnen.

Mitte Mai stecken wir 2–3 Samenkörner in ein Pflanzloch mit viel Kompost. Oder wir pflanzen die auf der Fensterbank vorgezogenen Setzlinge. Später lassen wir den kräftigsten Sämling stehen. Der Kürbis ist ein Vielfraß und ein Säufer. Wenn wir ihn regelmäßig mit Brennesseljauche gießen, können wir ihm beim Wachsen fast zusehen und entdecken sicherlich bald die ersten riesengroßen gelben Blüten. Jetzt kappen wir die Seitentriebe an der Spitze, denn die gesamte Kraft soll in die Fruchtbildung gehen. Später legen wir unter den Kürbis ein Brett, damit er von unten nicht fault. Die Frucht ist ausgereift, wenn die Schale hart ist und sich beim Klopfen hohl anhört. Man kann den Kürbis dann mehrere Wochen aufbewahren, z.B. bis zu St. Martin, wo wir ihn aushöhlen und ein Gesicht hineinschneiden. Das Fruchtfleisch verwenden wir für Kürbiscremesuppe. Eine Teeleuchte hineinplaziert und vor die Haustüre gestellt – fertig ist das Kürbisgespenst! Buntschillernd ist die Familie der Kürbisgewächse. Zu ihnen gehören: der Hokkaidokürbis, Zierkürbisse, Kalebassen, Gurken, fliegende Untertassen, Luffagurken, Melonen, Zucchini und Spaghettikürbisse.

Luffagurke und Kalebasse wachsen nur an einem geschützten Ort, z.B. vor warmen Südwänden, wo wir sie mit viel Liebe und Brennesseljauche pflegen und hochklettern lassen. Die gut ausgereiften Früchte müssen wir mehrere Wochen an einem luftigen Ort trocknen lassen. Aus Kalebassen werden in Afrika Trinkgefäße und Rhythmusinstrumente hergestellt. Wenn sie ganz ausgetrocknet sind und man sie wie eine Rassel bewegt, hört man die Samenkörner drinnen rascheln. Etwas lauter und effektvoller ist ihr Klang, wenn wir durch ein kleines Loch Reiskörner einfüllen und dies dann wieder verschließen. Damit kann die Kalebasse in jeder Sambagruppe bestehen. Von der getrockneten Luffagurke können wir die Schale abziehen. Das innere Gewebe ist ein Naturschwamm.

Zuletzt seien die Zucchini erwähnt. Sie sind robust und einfach zu kultivieren und bestechen durch unglaubliche Fruchtbarkeit.

## 5.3. Gespräch im Gemüsebeet

*„He du"*, *sagt die Möhre zur Zwiebel, „du riechst gut!" „Willst du mich ärgern?"* *antwortet die Zwiebel. „Bisher konnte noch niemand meine scharfen Dünste leiden." „Doch wirklich, seit wir so nahe beieinanderstehen, besucht mich diese blöde Fliege nicht mehr. Aus ihren Eiern, die sie neben mir ablegt, kriechen immer viele kleine Maden, und die fressen sich dann in meiner schönen roten Wurzel satt, bis ich ganz durchlöchert bin und häßlich." „Au weia!" „Ja, aber diesen Sommer, wo wir so Reihe an Reihe neben einander stehen, ist sie noch nicht gekommen." „Vielleicht tränen ihr die Augen von meinen scharfen Ausdünstungen! Ha, ha, ha!" Beide schütteln sich vor Lachen. „Auch ich", sagt die Zwiebel, „werde dieses Jahr weniger von der Zwiebelfliege geplagt. Und was ich auch praktisch finde: Du holst mit deiner Pfahlwurzel deine Nahrung ganz tief unten in der Erde, so daß ich meine Wurzeln ungestört oben ausbreiten kann." „Wir sind halt füreinander geschaffen!"*

*„Entschuldigung, wenn ich mich zu diesem Thema einmische",* *brummt der Mais und beugt sich leicht über die beiden Nachbarn, „Ich bin saufroh, daß ich dieses Jahr in diesem bunten Garten wachsen darf. Stellt euch vor, draußen auf dem Feld, wo man mich sonst kultiviert, gibt es tausende wie mich auf einer riesengroßen Fläche, so groß wie mehrere Fußballfelder. Außer uns wächst dort nichts, kein einziges Unkräutlein, und der Boden ist ganz öd und ausgetrocknet. Hier ist es schon etwas anderes. In dieser bunten Gesellschaft fühl' ich mich richtig wohl. Ihr wißt vielleicht, daß ich viel Nahrung aus der Erde brauche. Die Bohnen, die gleich neben mir stehen, brauchen kaum was, im Gegenteil, durch ihre Wurzeln geben sie dem Boden noch Nährstoffe ab. Ja und der Kürbis da hinten beschattet mit seinen großen Blättern den Boden, so daß er immer gut feucht ist, genauso wie ich's brauche. Guckt mal, was für fette Kolben ich schon dran habe!" „Angeber!" zischt die Zwiebel. „Pst, laß mal", beschwichtigt die Möhre, „erzähl weiter, das klingt interessant!" „Meine Geschichte ist schon uralt", fährt der Mais fort, „die Hopi in Nordamerika haben schon vor mehr als 2000 Jahren auf ganz steinigen und trockenen Hochebenen Maisfelder angelegt. Wie sie das geschafft haben? Sie haben mich zusammen mit Feuerbohnen und Kürbissen ausgesät, und so haben wir uns gegenseitig geholfen, reiche Ernte gebracht und die Indianer ernährt."*

*„Wißt ihr schon das Neueste?" platzt der Kürbis dazwischen. „Gestern haben sich die Tomate und die Kartoffel ganz fürchterlich gestritten. Sie hatten beide plötzlich braune Blätter gekriegt, und jetzt beschuldigen sie sich gegenseitig, einander mit einer Krankheit ange-*

99

*steckt zu haben." „Tja, die Gärtnerin hat die beiden wirklich zu eng aneinander gepflanzt", meint die Möhre, „ich habe mich schon von Anfang an gefragt, ob das wohl gutgeht?" „Tja", der Mais schüttelt seinen Kolben, „wenn man sich halt nicht riechen kann ..."*

## 5.4. Geheimnisse im Kompost: von Regenwürmern, Asseln und Bakterien

Im Kompost geschehen seltsame Dinge. Angefaulte Küchen- und Gartenabfälle, Laub, Rasenschnitt, Kaffeesatz, Kartoffelschalen, Käserinde, ja sogar Fingernägel und Haare verschwinden hier drin einfach wie im Hut eines Zauberers und – simsalabim, verwandeln sie sich in dunkle, feinduftende Blumenerde. Das nennt man Rotte, und es entsteht dabei herrlicher Humus, der wiederum Nahrung für neue Pflanzen und Blumen ist. Wenn diese Pflanzen verwelken, wird daraus wieder neuer Kompost und so weiter. Dies nennt man einen natürlichen Stoffkreislauf.

Heute wollen wir uns das einmal mit den Kindern von ganz nahe betrachten. Wir brauchen dazu eine Grabegabel, eine Schaufel, ein grobes Sieb, eine Lupe und ein weißes Tuch. Wir öffnen einen Komposthaufen vom letzten Herbst vorsichtig an einer Stelle mit der Grabegabel und sehen hinein.

Holzstücke, kohleartig verfärbte Pflanzenmasse, in der sich kaum noch Blätter oder Speisereste erkennen lassen, sind über und über mit weißen Punkten bedeckt. Die Punkte sind lebendig. Es sind lauter kleine Insekten, die sich ruckartig bewegen. Das sind Springschwänze. Außerdem gibt es hier Asseln, Tausendfüßler und Würmer mit lauter winzig kleinen Füßen. Jetzt entnehmen wir dem Haufen eine Schaufel voll halbverrotteten Komposts und geben das durch ein grobes Sieb auf unser ausgebreitetes Tuch. Vorsichtig zerkrümeln wir die größeren Klumpen. Da stieben Erdläufer, Käfer, Spinnen und Tausendfüßler nur so auseinander. Die Bodentiere sind nämlich sehr empfindlich. Da ihnen das Tageslicht schadet, flüchten sie schnell zurück ins schützende Erdreich. Da ist auch unser Freund, der Regenwurm! Bei genauerem Hinsehen bemerken wir, daß es der rote Kompostwurm ist. Er bewegt sich quirlig hin und her. Sein etwas spitzeres Kopfende und seine Muskelringe sind deutlich sichtbar. Wir nehmen ihn auf die Hand. Er fühlt sich feucht an. Der dunkle Streifen ist sein gefüllter Darm. So komisch das klingt, aber das göttliche Geheimnis, wie fruchtbare Erde entsteht, liegt genau hier, im Darm dieses kleinen Wurmes verborgen. Er frißt pflanzliche Abfälle und Erde und vermischt das

mit seinen Verdauungssäften. Dieses Gemenge ergibt den besten Dünger.

Jetzt nehmen wir die Lupe zur Hand. Die winzigen Bodenkrümel sehen darin aus wie eine zerklüftete Gebirgslandschaft. Schneckeneier erscheinen wie glasige, runde Kugeln. Die unter der Lupe sichtbare Schleimschicht wird von Mikroorganismen gebildet, das sind Bakterien, Pilze und Algen. Sie alle helfen, die organischen Abfälle zu zersetzen und abzubauen. Bei ihrer Arbeit wird ihnen ganz warm. Das kann man spüren, wenn man die Hand in einen frisch aufgesetzten Kompost- oder Heuhaufen steckt. Bis auf 70 °C kann sich so ein Haufen erhitzen, und manchmal kann sich Heu dabei auch selbst entzünden. Am Beginn der Kompostrotte sind diese kleinen Heißsporne aktiv. Wenn ihre Arbeit beendet ist, sinkt der Hügel in sich zusammen, dann kommen die Regenwürmer und anderen Bodentiere. Eine geschickte Arbeitsteilung. Wenn alles mehrfach gefressen, verdaut und ausgeschieden ist, dann ist der Kompost fertig, und die fleißigen Tierchen verlassen den Haufen. Etwas länger als ein Jahr dauert dieser Vorgang.

Als Gartenhelfer ist der Regenwurm, genauer der Tauwurm, ein gern gesehener Gast. Er gräbt bis zu 2 Meter tiefe Röhren in das Erdreich und lockert verdichtete Stellen auf. Und zwar besser als ein Spaten, denn er bringt mit seiner Verdauung gleich den Humus mit ein. Aber warum nur kriechen unsere treuen Freunde bei Regen wie in Panik zu Hunderten aus der schützenden Erde hervor und verenden auf asphaltierten Straßen und Wegen? Dieses Fluchtverhalten gibt Rätsel auf. Klar ist nur, daß es dem Regenwurm in den mit Wasser gefüllten Gängen auf die Dauer zu eng wird, er braucht Sauerstoff und kriecht ins Freie. Dort werden ihm, wenn der Regen plötzlich aufhört, die starken Sonnenstrahlen zum Verhängnis. Seine schützende Schleimschicht trocknet in wenigen Minuten aus, und der Asphalt läßt keine Schlupflöcher. So kann dem Regenwurm der Regen zum Verhängnis werden.

## 5.5. Boden

„Ih, du hast dich ja ganz dreckig gemacht!" Das kriegen Kinder manchmal zu hören, wenn sie vom Buddeln, Sandeln oder Graben nach Hause kommen. Dreck – was ist das? Lehm, der am Schuh klebt, mit dem man Häuser oder einen Ofen baut, Sand im Sandkasten, Ton für Tassen und Schüsseln, Humus im Blumenkasten – das alles ist Erde, „Mutter Erde", wie manche sie nennen.

Im dunklen Erdreich keimen Samen, und Blumen, Sträucher, Bäume und Nahrung für die Menschen wachsen daraus hervor. Gemessen am großen Erdball ist diese fruchtbare Schicht verschwindend klein. Nur ganze 30 cm dünn ist die Schicht, in der allein Leben entstehen kann, die Humusschicht. Wer im Laubwald spazieren geht und mit den Händen die oberste Erdschicht lockert und daran riecht, der entdeckt das unvergeßlich duftende Aroma des Waldbodens. Das ist Humus, dunkel, feucht, locker und luftig. Solcher Humus ist aus verrottetem Laub, Ästen und Wurzeln entstanden mit Hilfe der Verdauungsarbeit von unzähligen, fleißigen Bodentierchen.

Eine Bodenuntersuchung für kleine Hobbygärtner ist ganz einfach, wenn man etwas Boden in die Hand nimmt und versucht, eine bleistiftdicke Wurst daraus zu formen. Gelingt das, dann ist Lehm drinnen. Zerbröselt der Boden beim Versuch ihn zu kneten, dann ist er sandig. Wer Lehmboden in seinem Garten hat, hat wahrlich ein schweres Los: Zentnerschwer klebt der Boden am Spaten und an den Gummistiefeln, wenn es geregnet hat. Denn Lehm saugt Wasser auf und hält es lange fest, enthält dafür aber viele Nährstoffe.

Mit folgendem Versuch findet man die Zusammensetzung des Gartenbodens heraus: Man füllt ein Glas bis ca. 2 cm mit Erde und füllt es mit Wasser auf, rührt kräftig um und wartet. Die schweren Bestandteile des Bodens, also Steine und Sand, setzen sich schnell auf den Grund des Glases ab. Lehm und der ganz feine Ton bleiben lange Zeit als Schwebeteilchen gelöst und machen das Gemisch trübe. Ganz oben schwimmen Holzstückchen und grobe Humusteile, weil sie leichter als Wasser sind.

Man kann auch etwas Boden zwischen zwei Fingern verreiben und das Ohr dranhalten. Wenn etwas knirscht, dann ist es Sand. Sand kann Wasser nicht binden, solch ein Boden trocknet schnell aus und muß im Sommer häufig gegossen werden, ist dafür aber schön locker.

Der beste Gartenboden hat von allem was: Sand, Lehm und Humus. Dunkel, locker und krümelig soll er sein und reich an Bodenorganismen. Mit Hilfe von Mulch, Kompost und Gründüngung kann jeder Boden biologisch verbessert werden. Regenwürmer, Erdläufer, Käfer, Spinnen, Asseln und Millionen von Bakterien heißen die Könige der Unterwelt. Wußten Sie, daß in einer Handvoll Erde fast so viele Lebewesen leben wie Menschen auf der ganzen Welt? Die Erde ist lebendig – von wegen Dreck!

## 5.6. Marienkäfer, Blattlaus und Co.

Marienkäfer werden gemocht. Auch wenn Kinder manchmal um Insekten einen großen Bogen machen, können sie doch diesen kleinen Käfern nicht widerstehen. Sie sehen ja auch kein bißchen furchterregend aus, stechen nicht, beißen nicht und sind als Gartennützlinge bekannt. Nehmen Sie sich Zeit, die Käfer mit ihren Kindern zusammen genauer anzuschauen.

Es gibt verschiedene Arten. Die meisten sind leuchtend rot oder gelb, fast halbkugelig in der Körperform und haben schwarze Punkte. Am bekanntesten sind der Zweipunkt und der Siebenpunkt. Die Anzahl der Punkte hat also nichts mit dem Alter der Käfer zu tun.

Die auffällige Farbe dient als Warnung: „Friß mich nicht, ich schmecke scheußlich." Wenn der Feind sich dadurch nicht ab-

schrecken läßt, sondert der Marienkäfer eine gelbe Flüssigkeit an den Gelenken ab. Die riecht und schmeckt schlecht und ist für kleinere Angreifer, z.B. Ameisen, giftig. Auch wenn Kinder einen Marienkäfer nicht vorsichtig genug in die Hand nehmen, kann das passieren. Gleichzeitig stellt er sich dabei oft tot. Sie können Ihr Kind jedoch trösten: Der Käfer ist nicht verletzt, auch wenn er sich nicht bewegt. Er stellt sich tot, weil viele Insektenfresser lieber lebende Käfer fressen. Marienkäfer überwintern, oft in Scharen, in alten Bäumen, im Streu oder an anderen geschützten Stellen. Man könnte sie auch auf dem Dachboden, in Schuppen und unbewohnten Lauben finden. Im Herbst haben sie sich Fettpolster angefressen. Wenn es kälter wird, fallen sie in Winterstarre. Sie brauchen dann keine Nahrung mehr. Aber Vorsicht! Wenn man im Winter einen der Käfer findet, darf man ihn auf keinen Fall mit ins Warme nehmen. Er wacht dann auf und kann in dieser Jahreszeit keine Nahrung finden. Wenn es im Frühling wärmer wird, kann er gefahrlos aufwachen. Dann kann er Blattläuse oder die Eier und Larven anderer Insekten finden. Er muß aber bald fündig werden, denn seine Fettvorräte sind jetzt aufgebraucht. Wenn er jetzt nicht schnell genug vom Dachboden ins Freie gelangt, muß er verhungern. Man kann den Marienkäfern helfen, wenn man ein Fenster öffnet.

Im späten Frühjahr werden dann die Eier gelegt, am liebsten in Blattlauskolonien. Nach sieben Tagen schlüpfen dann die Larven. Sie sehen ganz anders aus als die ausgewachsenen Marienkäfer: länglich, weichhäutig, graublau gefärbt mit kleinen orangefarbenen Punkten. Insgesamt eher wie ein Wurm auf Beinen und nicht so auffällig wie die roten Käfer. Wer die Marienkäfer-Larven finden will, hält sich am besten an die Blattläuse. Dort wo besonders viele Blattläuse sind, krabbeln garantiert auch die Larven der Marienkäfer herum. Sobald die Larven nämlich aus den Eiern geschlüpft sind, stürzen sie sich auf die Blattläuse. Sie vertilgen so viele Blattläuse, daß jeder Gartenbesitzer ins Schwärmen gerät: Mehr noch als die ausgewachsenen Marienkäfer etwa 400 bis 1300 bis zur Verpuppung. Die findet nach etwa drei Wochen statt. Die Puppe sieht aus wie ein vertrocknetes Vogelhäufchen, hängt aber meist an der Unterseite eines Blattes. Wenn man die Puppe findet, kann man sie vorsichtig mit nach Hause nehmen und das Schlüpfen beobachten. Am besten geht das mit einem Marmeladenglas, welches im Deckel Luftlöcher hat. Es muß darauf geachtet werden, daß das Glas nicht direkt in der Sonne steht. Wenn man Glück hat, sieht man, wie sich ein kleiner gelber Käfer aus seiner Puppenhaut windet. Erst nach einer Weile färbt er sich rot und bekommt schwarze Punkte.

Wenn auf meinem Balkon die Blattläuse wüten, dann sammle ich

auf meinen Spaziergängen Marienkäferlarven. Aber nicht so viele. Denn die Larven sollen ja auch satt werden.

Blattläuse werden, im Gegensatz zu den Marienkäfern, von keinem gemocht. Kein Wunder, denn sie richten beträchtlichen Schaden an. Es sind kleine, tropfenförmige Insekten, die sich von Pflanzensäften ernähren. Dazu haben sie einen Rüssel, den sie durch die Haut der Pflanzen stechen können. Sie zapfen die Leitbahnen an, mit denen die in den Blättern gebildeten Nährstoffe in der Pflanze verteilt werden. Dazu brauchen sie noch nicht mal zu saugen: In den Leitbahnen der Pflanzen ist der Druck so hoch, daß ihnen der Nahrungssaft wie von selbst in den Magen schießt. Der Pflanzensaft ist zuckerreich, aber eiweißarm. Deshalb müssen die Blattläuse große Mengen des Saftes aufnehmen. Sie geben den Zucker danach fast vollständig wieder ab und filtern nur Eiweiße gut heraus. Wer unter einem mit Blattläusen voll besetzten Baum steht, kann das spüren: ein feiner „Zuckerregen" fällt herunter. Dieser Zuckersaft, „Honigtau" genannt, ist bei Ameisen und Bienen sehr beliebt. Ameisen „melken" die Blattläuse sogar, indem sie deren Hinterleib mit ihren Fühlern betrillern. Die Blattläuse geben dann sofort Saft ab. Tannenhonig besteht aus Honigtau, den die Bienen im Wald von den Bäumen geleckt haben. So können uns also selbst die Blattläuse nützen. Die Schäden überwiegen aber. Durch das Anstechen werden die Pflanzen geschädigt, außerdem werden so Pflanzenkrankheiten übertragen.

Aber wer gerne Marienkäfer im Garten hat, muß auch ein paar Blattläuse dort dulden. Ohne Blattläuse keine Marienkäfer!

## 5.7. Der alte Obstbaum

*„Kommt,*
*von allerreifsten Früchten*
*mit Geschmack und Lust zu speisen!*
*Über Rosen läßt sich dichten,*
*in die Äpfel muß man beißen."*

*Goethe*

Im Garten von Peters Eltern steht ein alter Apfelbaum. Er ist schon ziemlich knorrig und etwas außer Form geraten. Doch seine Krone ist immer noch gesund wie seine runden Äpfel. Die Nachbarin meint schon lange, er müsse durch einen neuen ersetzt werden, damit da wieder etwas Anständiges stehe. Auch sind die Äpfel nicht sehr groß und nicht so prächtig wie die im Supermarkt. Aber ehrlich, kein Apfel weit und breit schmeckt besser und aromatischer als der von Herrn Pomelad. Wer ist Herr Pomelad? Ihr habt's erraten: Der Apfelbaum heißt so. Wo gibt es denn so etwas, einen Apfelbaum mit Namen? Ich will es euch erzählen:

Als Peters Großvater damals auf die Welt kam, pflanzten seine Eltern dem Kind zur Geburt diesen Apfelbaum, der natürlich noch ein kleines Bäumchen war. Das war früher so Sitte: Man pflanzte für Buben einen Apfelbaum, für Mädchen einen Birnbaum, und hegte und pflegte diese Bäumchen wie die Kinder selbst. Und so wußten die Menschen damals genau, wie sich so ein Apfelbaum entwickelte.

Erst im späten Frühling, wenn bestimmt kein Frost mehr kommen wird, wagt sich der Apfelbaum mit seinen rosa überhauchten Blüten hervor. Dann beginnt ein wildes Frühlingskonzert, wenn sich von früh bis spät unzählige Bienen in den Blüten tummeln.

Ist die Blütezeit vorbei, entfaltet sich das Blätterdach. Wie angenehm ist dann sein Schatten, wenn die Sonne heiß brennt. Stundenlang kann man darunter liegen, träumen und alles vergessen, zumindest so banale Dinge wie Mülleimer runtertragen oder Hausaufgaben ... Und dann im Herbst, wenn die Äpfel reifen, ist die Zeit gekommen für Feste mit Apfelkuchen und frischem Apfelsaft.

So geht das Jahr für Jahr. Für Peters Großvater war der Baum, der genau so alt war wie er, ein richtiger Freund, und irgendwann fing er an mit ihm zu reden und gab ihm einen Namen: „Herr Pomelad".

Aber das war vor langer Zeit. Großvater ist letztes Jahr gestorben. Peter war damals sehr traurig gewesen, denn er hatte den Großvater sehr gern gemocht. Niemand konnte so schöne Geschichten erzählen wie er.

Dieses Jahr im Sommer kam der kleine Peter zu einer ganz unge-
wöhnlichen Zeit zu Herrn Pomelad. Morgens um vier, mit seinem
Schlafsack. Er hat sich an seinen Stamm gelehnt und ihm erzählt, er
könne nicht mehr schlafen. Und er erinnere sich, daß ihm sein Opa
einmal gesagt habe, daß man in der Nacht mit Bäumen reden könne.
Und das wolle er jetzt mit Herrn Pomelad tun. „Denn ein Baum, der
dein Freund ist, kann dir etwas von seiner Kraft geben." Da freute
sich der Apfelbaum, ließ seine Blätter rauschen und wisperte ihm zu:
„Lehn dich ganz fest an mich, Peter, und versuche, so wie ich zu sein.
Dein Körper ist so kraftvoll wie mein Stamm, deine Beine sind fest in
der Erde verankert wie meine Wurzeln. Deine Arme sind frei und
stark wie meine Äste, und deine Finger spielen wie meine Blätter im
Wind, Siehst du, jetzt bist du wie ich, und wir können miteinander
reden. Als ich ein junger Baum war, hat dein Großvater noch unter
meinen Zweigen gespielt! Er beobachtete immer, wieviele Tiere ihre
Heimat bei mir haben. Spechte, Ameisen, Käfer, Läuse ... Weißt du,
Peter, welche Tiere heute bei mir wohnen? ... Einmal versuchte dein
Großvater, alle meine Äpfel zu zählen – aber er geriet mit dem
Zählen immer durcheinander. Schätz du doch mal, wieviele Äpfel ich
seit meiner Geburt geboren habe. Hallo, Peter, hörst du mich?" Peter
war ganz versunken und konnte nur halb zuhören, aber er fühlte
sich großartig: Er fühlte sich wie sein Apfelbaum. Viel haben die beiden noch miteinander besprochen. Irgendwann hat sich Peter unter
den Baum auf seine Decke gelegt und ist eingeschlafen. Der Apfelbaum breitete schützend seine Blätter über ihm aus. Peter träumte
viel, von Apfelgeistern, rosa Blütenfeen und von Baumhäusern. Er
verriet niemandem, was sie miteinander gesprochen hatten. Aber Peter hat dies Erlebnis nie vergessen. Und noch manchmal, auch als er
schon erwachsen war, kam er den Apfelbaum besuchen. Immer,
wenn Peter Stärke braucht, kommt er zu ihm. Und der Baum gibt
ihm Kraft wie damals, als er als kleiner Bub zum ersten Mal unter
ihm geschlafen hat.

Heute ist Peter zum Baumschützer geworden.
Wo er hinkommt, setzt er sich für Bäume ein und ₁
daß keinem etwas zuleide getan wird.

### Die Kräfte, die im Apfel stecken

Infos    Diese gesunden Früchte enthalten wertvolle Fruchtsäuren, Pektin
(als Geliermittel bekannt), Zucker, Gerbstoffe, und viele Mineralien
wie Natrium, Kalium, Kalzium, Magnesium, Eisen und Phosphor,

die Vitamine A, B, C und E und 85% Wasser. In der Schale befinden sich Öldrüsen, die dem Apfel seinen sortentypischen Duft verleihen. Außerdem ist in der Schale der Vitamin C-Gehalt sechs mal so hoch wie im Fruchtfleisch, und der Mineraliengehalt in der Schale ist auch höher.

„Ein Apfel am Tag macht den Arzt brotlos", sagt der Volksmund. Gegen Durchfall hilft geriebener Apfel (Glasreibe!), wobei das Pektin, das aus den Zellen freigesetzt wird, im Darm die Giftstoffe (Schwermetalle, Bakteriengifte, auch Cholesterin und Gallsäuren) bindet, so daß sie ausgeschieden werden können. Zudem wirkt Pektin schleimhautschützend, entzündungshemmend und cholesterinsenkend. Ein Apfel in der Schulpause ist eine sehr bekömmliche „Hirnnahrung". Äpfel wirken nervenberuhigend, stärkend, erfrischend, appetitanregend, sie regulieren die Darmtätigkeit und wirken gegen Verstopfung. Äpfel werden empfohlen bei Gicht und Rheuma, bei Hauterkrankungen, Migräne, Heiserkeit und Verdauungsbeschwerden. Allerdings sollten rohe Äpfel nie direkt vor dem Schlafengehen verzehrt werden, sie können die Verdauung belasten. Ein Apfelschalentee ist besonders gesund. Er wirkt nervenstärkend, blutbildend und schlaffördernd. Manchen Menschen hilft ein Apfel sogar bei Kopfschmerzen, und der Dichter Friedrich Schiller hatte immer Äpfel in seiner Schreibtischschublade, um sich durch deren Duft geistig frisch zu halten.

Es gibt zahllose Apfelsorten. Den höchsten Vitamin-C-Gehalt haben die Sorten Berlepsch, Bohnapfel, Idared, Maigold und Ontario. Mit Äpfeln kann man viele leckere Dinge zubereiten: Apfelkuchen, Apfelküchlein im Schlafrock, Apfelkompott, Apfeleis, Apfelsaft, Apfelessig, Apfelmost, Bratapfel, Apfelmus.

### Dörräpfel

Die alte, ganz einfache Art, Äpfel haltbar zu machen: Das Kerngehäuse wird ausgestanzt und der Apfel in ganz dünne Scheiben geschnitten. Die Ringe werden an einem kräftigen Faden aufgefädelt und als Girlande am luftigen Ort zum Trocknen aufgehängt. Trocken aufbewahrt, sind Apfelringe monatelang haltbar.

### Apfeltee

Zu Zeiten der „Apfelschwemme" können die Früchte frisch oder getrocknet als Tee verwendet werden. Die Äpfel mit Schale sehr kleinschneiden, mit kochendem Wasser überbrühen und 3 Stunden an einem warmen Ort ziehen lassen. (Das ist auch ein „Antistreßtee für

Schulkinder".) Genausogut können die Schalen von biologischen Äpfeln – vielleicht der „Abfall" von Apfelküchlein – zu Tee verwendet werden.

**Historisches** | **Kleine Apfel-Geschichte**

Paradies- und Zankapfel, Reichs- und Liebesapfel – „der Apfel fällt nicht weit vom Stamm", da wird etwas „gehütet wie ein Augapfel", und mancher hat schon „in den sauren Apfel beißen müssen" ... Lauter Apfelsprüche, seit Menschengedenken. Die Stammform des Apfels ist der wilde Holzapfel *(Pyrus malus)*, dessen Zweige oft in Dornen enden und dessen Früchte kleine herbe Kernäpfel sind, die erst nach dem Frost genießbar sind. Unsere Vorfahren haben sie verzehrt, doch sind Züchtungen und Veredelungen seit 5000 Jahren bekannt. Damals schon wurden im Nildelta in den Gärten des Ramses Äpfel gezüchtet! Unser Kulturapfel *(Pyrus domestica)* kam dann von Kleinasien nach Griechenland und mit den Römern über die Alpen zu uns. Bis auf die Polarzonen ist der Apfelbaum weltweit anzutreffen. Bei den Germanen galt der Apfelbaum als von den Göttern besonders beliebt, nicht einmal der Blitzgott wollte ihm etwas anhaben. Zu ihrem Schutz pflanzten sie ihn deshalb in der Nähe ihrer Häuser. Dank seiner Kugelgestalt wurde er zum Sinnbild des Vollkommenen, der Liebe, des Lebens, der Erde, der Weiblichkeit und der Fruchtbarkeit. Seit dem Alten Testament auch der Verführung und Sünde. Aber immer ist der Apfel etwas Besonderes, Spender von Lebensenergie, Glück und jugendlicher Fröhlichkeit. Die rotbackigen runden Äpfel gehören als lebendige, ewig runde Frucht zum traditionellen Weihnachtsschmuck.

Und wer kennt nicht das Märchen von Frau Holle, wo der Apfelbaum das Mädchen bittet, seine reifen Äpfel herunterzuschütteln, und das Mädchen reichlich dafür belohnt?

## 5.8. Wunderwelt im Gartenteich

*Alida und Immo sind bei ihrer Lieblingsbeschäftigung. Sie liegen am trockenen Ufer eines Teiches auf dem Bauch und schauen in das Wasser. Sehr gemütlich haben es die beiden, und so schaffen sie es spielend, zehn Minuten mucksmäuschenstill zu sein und sich nicht zu bewegen. Da taucht der Teichfrosch wieder auf, der eben noch vor lauter Schreck einen Kopfsprung ins Wasser gemacht hat, als die Kinder zum Teich kamen. „Den begrüße ich jetzt mal", flüstert Alida und*

quakt dem Frosch zu. „Quak", macht der Frosch – und zwar ganz schön laut. Dabei sieht man, wie die Schallblasen, die sich seitlich vom Kopf befinden, aufblasen. Durch die Schallblasen wird das Quaken verstärkt. Frösche sind richtige Großmäuler und kilometerweit zu hören. Die Froschmännchen quaken, um ihre Weibchen anzulocken, aber auch um Konkurrenten zu vertreiben. Vielleicht hat der quakende Frosch in Alida einen solchen Konkurrenten gesehen, der ihm sein Revier streitig machen will. Teichfrösche leben das ganze Jahr über im Teich. Sie laichen erst im Mai. Knapp drei Monate später kann man die winzigen, nur zwei Zentimeter großen Jungfrösche am Teich hopsen sehen.

Auf dem Grund des Teiches sehen Alida und Immo jetzt, wie ein Schlammröhrenwurm aus seiner Wohnung, einem wurmdicken Gang im Teichboden, herauskommt. Jetzt ragt das Hinterende heraus und wedelt hin und her. Zum Glück sind es nur wenige! Diese Würmer kommen in Massen in stark verschmutzten Gewässern vor. Sie sind dort zu finden, wo wenig Sauerstoff ist. Und das ist oft da, wo das Gewässer nicht mehr in Ordnung ist.

Eine Libellenlarve kommt angeschlichen. Sie ist ein gefährlicher Räuber – für kleine Wassertiere. Uns Menschen wird sie nicht gefährlich; auch ausgewachsene Libellen nicht. Langsam pirscht sich jetzt die Larve an den Schlammröhrenwurm heran. Alida und Immo halten den Atem an: Plötzlich hat die Larve den Wurm gepackt. Ganz schön schnell, finden die beiden. Dazu mußte sie sich noch nicht mal bewegen, denn unter ihrem Kopf sitzt die sogenannte Fangmaske. Die sieht aus wie ein Greifarm: Normalerweise ist sie unter den Kopf geklappt, beim Jagen schnellt sie blitzschnell hervor, greift die Beute und führt sie zum Mund.

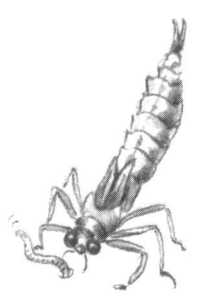

Merkwürdig, daß aus braunen Libellenlarven bunte und schillernde Libellen schlüpfen, die in der Luft abenteuerliche Kunstflüge veranstalten. Kaum zu glauben auch, daß Libellen die meiste Zeit als Larven unter Wasser leben. An Land leben die ausgewachsenen Larven meist nur ein Jahr, aber es dauert bis zu drei Jahre, bis aus den Libellenlarven die ausgewachsenen Tiere schlüpfen. Letztes Jahr hat Alida eine solche Larvenhaut am Ufer gefunden. Die Libelle war geschlüpft und längst fortgeflogen. Damit Alida das zarte Gebilde aufbewahren konnte, hat Sabine, ihre Mutter, die Hülle mit farblosem Nagellack bestrichen. Danach konnte man die Larvenhaut gut untersuchen. Alles war zu sehen: die großen Augen und die kleinen Säckchen auf dem Rücken, in denen die Flügel zusammengefaltet steckten. Im Rücken war ein Schlitz: Hier war die Libelle herausgekrabbelt. Die Larvenhaut hat jetzt einen Sonderplatz in Alidas Schatzkästchen bekommen.

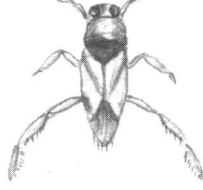

Eine Wasserschnecke kriecht über eine Pflanze. Immo nimmt die Schnecke in die Hand. „Die Schnecke heißt genauso, wie sie sich anfühlt", sagt er und reicht sie vorsichtig Alida herüber, „Spitzschlammschnecke." Auch Alida findet, daß die Schnecke ihren Namen zu Recht trägt. Das ganze Schneckenhaus ist mit Algen überwachsen und fühlt sich dadurch schlammig an. Nur das Ende ist so spitz, daß es piekt, wenn man es in die Hand drückt. Alida hält ihre Hand mit der Schnecke ins Wasser. Die Schnecke kommt aus ihrem Haus und wandert die Hand entlang. Normalerweise kriecht sie über die Wasserpflanzen und raspelt den Algenbelag mit ihrer Reibzunge ab. Dieses Raspeln kann man auch auf der Hand spüren, wenn man Geduld hat: „Wie Sandpapier", meint Alida. Die Schnecke kommt nun wieder vorsichtig ins Wasser zurück. Sie sieht zwar robust aus, ist aber am Gehäuserand sehr verletzlich: an dieser Stelle wächst das Schneckenhaus, es ist hier empfindlich dünn.

Vor dem Rückenschwimmer, der sich in der Nähe an einem Teichblatt festklammert, hat Immo Respekt: Letztes Jahr ist er von einem Rückenschwimmer gestochen worden. Deshalb nimmt er ihn lieber nicht in die Hand. Aber die Kinder sehen aufmerksam zu, wie sich der Rückenschwimmer von der Pflanze löst und mit seinen langen Hinterbeinen durch das Wasser rudert. Der Bauch ist dabei oben, weil er hier seinen Luftvorrat unter zwei Reihen von Härchen mit sich trägt. Dadurch ist der Bauch leichter: Hört der Rückenschwimmer mit seinen Ruderbewegungen auf, wird er von seiner „Luftmatratze" nach oben gezogen. Die Hinterleibsspitze berührt dabei die Wasseroberfläche. Genau an dieser Stelle ist dann auch ein kleines Loch zu sehen, mit dem er Luft holt. Rückenschwimmer sind sehr gefräßig. Sie fallen selbst Tiere an, die größer sind als sie selbst. Auch die Libellenlarven sind nicht sicher vor ihnen. Die Rückenschwimmer klammern sich an der Beute fest und saugen sie mit ihrem Rüssel aus. Den Rüssel kann man nur sehen, wenn man auf einen ruhig im Wasser liegenden Rückenschwimmer schaut.

Ganz schön aufregend, so ein Gartenteich, finden Alida und Immo. Besonders wenn man so einen gemütlichen Beobachtungsplatz hat!

## 5.9. Malen mit Pflanzenfarben

*Mini und die Farben*

*Mini hüpft über eine bunte Blumenwiese. Sie findet die verschiedenen Farben so schön, daß sie Lust bekommt, damit zu malen.*

*Sie zerteilt die blauen Blätter der Glockenblume und zerreibt sie mit etwas Druck auf Aquarellpapier. Schon hat sie einen schönen Himmel. Nun zerteilt sie einige Blätter und malt damit etwas Gras. Bunte Blumen entstehen aus Butterblumen, Rosenblättern, Ringelblumen, Mohn und vielem anderen. Es ist ganz einfach: Man löst die Blumenblätter ab, zerteilt sie und reibt sie auf das Papier.*

*Am Abend zeigt sie ihrer älteren Schwester Thea ihr Bild, das sie auf der Wiese gemacht hat. Thea ist begeistert und erklärt Mini, daß man Blüten und Blätter auch kochen und sich so seine eigenen Wasserfarben herstellen kann.*

*Am nächsten Tag sammeln sie eine kleine Schüssel voll abgefallener Mohnblumen, legen diese in einen Topf und übergießen sie mit etwas Wasser, so daß die Blüten ganz im Wasser schwimmen. Dieses Gemisch lassen sie etwa 10 Minuten kochen, gießen es dann durch ein Sieb in ein Schälchen ab und lassen es etwas abkühlen.*

*Mini malt damit ihre Katze auf das Aquarellpapier: Zunächst ist sie noch ganz zartlila, und Mini ist etwas enttäuscht. Doch nach 10 Minuten ist die Farbe nachgedunkelt, und ein schön kräftiges Lila erscheint auf dem Blatt. Die beiden Schwestern wundern sich sehr, wie aus den knallroten Mohnblüten eine lila Farbe werden konnte. Doch einige Blüten können beim Kochen ihre Farbe verändern.*

*Sie kochen noch Holunderblätter, die ein helles Grün ergeben, Glockenblumen, dunkle Rosenblätter, diese werden rosa, und zum Schluß die orange Krappwurz. Hierfür zerschneiden sie die drei Jahre alten Wurzeln in ganz kleine Stücke und lassen sie 30 Minuten lang kochen. Das Ganze wird dann wieder abgesiebt und gibt ein schönes Orange.*

*Mini und Thea freuen sich schon auf den Herbst, denn dann können sie auch aus den verschiedenen Beeren Farben machen: z.B. Holunderbeeren, schwarze Johannisbeeren, Vogelbeeren oder Blaubeeren. Mini und Thea beschließen, sich einen Farbkalender anzulegen: Sie malen in jedem Monat ein Bild mit den Blüten, die sie finden. So sehen sie, wie es zu unterschiedlichen Jahreszeiten unterschiedliche Farben gibt.*

*Eines Tages findet Mini beim Spielen etwas Lehm. Sie läßt es hinterher aus Versehen neben der Feuerstelle liegen. Nach einiger Zeit entdeckt sie ihn wieder und stellt fest, daß er nun wunderschön rot geworden ist. Sie zerbröselt ihn in einem kleinen Schälchen, mischt etwas Wasser dazu und malt mit den Fingern ein Haus, erst auf Papier, dann auf die Straße, und als Thea vorbeikommt, bemalt sie ihr Gesicht und Körper. Sie sieht tatsächlich wie eine echte Indianerin aus! Mini wäre gerne ein Clown. So sammelt Thea bunte Blüten und klebt sie ihrer Schwester auf die Stirn und auf die Backen. Den großen Mund betont sie mit Lehm. So entdecken die beiden im Laufe des Jahres, daß man auch mit Steinen, Erde und verkohltem Holz malen kann. Thea und Mini malen ein ganz großes Bild mit all den Dingen, die sie gefunden haben: Blüten, Blätter, Lehm, Erde, Kohle, Steine ... und schenken es ihrer Mutter zum Geburtstag. Diese kann gar nicht glauben, daß die beiden ein so schönes Bild machen konnten, ohne auch nur eine Farbe zu kaufen.*

(Kornelia Kontzi)

### Holunder

Die grünen Blätter des Holunders kleinschneiden und in wenig Wasser 20 Minuten kochen.

Durch ein Sieb abgießen. Ebenso können die Blätter von Birke, Birnbaum, Brombeer oder Ginster verwendet werden.

### Mohn

Die abgefallenen Blüten des Mohns sammeln und in etwas Wasser 10 Minuten kochen, dann durch ein Sieb abgießen. Mit den Blütenblättern kann aber auch direkt auf Papier gemalt werden.

### Bunte Blüten

Verschiedene Blüten (z.B. Mohn, Butterblume, Kornblume, Rosen) sammeln, etwas zerreiben und mit den Blütenblättern direkt auf das Papier malen.

### Erdfarben

Verschiedene Erdproben (z.B. Gartenerde, Lehm) mit Wasser vermischen und mit einem Pinsel oder Fingern auf Papier malen.

### Krappwurz

Die orange Wurzel der Krappwurz aus dem Boden holen, säubern, klein schneiden und etwa 20 Minuten in etwas Wasser kochen. Anschließend durch ein Sieb geben.

### 5.11. Der Igel

Ganz hinten in meinem Garten, dort wo das morsche Holz herumliegt, lebt, gut versteckt unter einem Laubhaufen, ein Igel. Ich vermute es zumindest, denn sehen kann ich ihn tagsüber nicht. Nur nachts kommt er hervor und wuselt auf seinen kurzen Beinchen durch meinen Gemüsegarten auf der Jagd nach Nahrung. Neulich nachts, als ich noch mal im Garten war, um ein liegengebliebenes Küchensieb zu holen, habe ich zum ersten Mal seine Bekanntschaft gemacht. Sein lautes Schnaufen und ein aufgeregtes Rascheln verrieten mir seine Anwesenheit. Als ich die Taschenlampe auf ihn richtete, blieb er wie angewurzelt stehen. Seine dunklen Knopfaugen und sein spitzes Schnäuzchen konnte ich gerade eben noch erkennen, dann rollte er sich zusammen, und sein spitzes Stachelkleid gab mir unmißverständlich zu verstehen: Faß mich ja nicht an! Blitzschnell hatte er sich in eine uneinnehmbare Festung verwandelt. Kaum zu glauben, daß diese stachelige Kugel kurz zuvor ein Tier mit vier Beinen gewesen war.

Der Igel ist ein faszinierendes Tier. Er ist nicht nur ein mutiger und wehrhafter Kerl, sondern auch überaus klug, was er im Wettlauf mit dem unbestreitbar schnelleren Hasen ja schon bewiesen hat. Ich freue mich, diesen eigensinnigen, kleinen Gesellen in meinem Garten zu haben. Denn hier ist der Igel ein nützlicher Helfer. Er frißt Schnecken, Engerlinge, Raupen, Würmer und Mäuse. Allerdings knabbert er auch ganz gerne an Erdbeeren. Nachts geht er auf Beutezug. In einem Garten, wo kein Gift verwendet wird, wo dichte Sträucher, hohes Gras und liegengelassenes Laub ausreichend Schutz bieten, da läßt er sich gerne nieder, eine Weile zumindest, und sorgt für Nachwuchs. Zweimal im Jahr, im Frühjahr und im Herbst, werden Igelkinder geboren. Diese müssen bis zum Winterbeginn genügend Nahrung aufnehmen, sich rund und satt fressen. Im Herbst können sie von dem heruntergefallenen Obst, den Nüssen und Beeren, Käfern und Schnecken nicht genug kriegen. Ein richtiges Fettpolster legen sie sich zu. Dieser Schutzmantel hilft ihnen, die harten Wintermonate zu überstehen. Igel halten Winterschlaf. Im Spätherbst suchen sie sich ein geeignetes Quartier dafür. Dort liegen sie dann von November bis April zusammengerollt in ihrer Laubhöhle. Ihre Körperfunktionen sind auf Sparflamme geschaltet, das Herz schlägt ganz langsam, nur zwei bis drei Atemzüge pro Minute brauchen sie jetzt. Ausgewachsene, gesunde Igel mit ausreichendem Körpergewicht überstehen die kalten Monate ohne weiteres. Wird ein Igel aus dem Winterschlaf gerissen, kommt sein Stoffwechsel durcheinander. Er muß auf Nahrungssuche gehen und verliert Energie und Kraft. Jetzt kann es sinnvoll sein, ihm zu helfen und Obst und Nüsse bereitzulegen. Ist er kräftig genug, wird er wieder ins Winterquartier zurückgehen. Ist er aber schwach und abgemagert, und wiegt er weniger als 500 g, bringen wir ihn am besten zu einem Tierarzt oder in eine Igelstation, denn er braucht fachkundige Betreuung. Auf keinen Fall dürfen wir im Herbst Igel einsammeln, um sie im Haus zu überwintern. Igel sind wildlebende Tiere! Eine zu warme Überwinterung, falsche Ernährung und Parasiten können Igeln einen größeren Schaden zufügen als Frost und Kälte. Kleine und große Hobbygärtner können aber einiges tun, um die freundlichen Gartenbewohner zu schützen. Im Spätherbst helfe ich ihnen bei ihrer Quartiersuche. Unter den herabhängenden Zweigen des Holunderbusches schichte ich Äste und Laub zu einem ordentlichen Haufen auf und hoffe, daß sie die Behausung annehmen. Zur Auswahl stehen da noch der Reisighaufen vom vorigen Jahr und der Kompost, den ich schon seit langem umsetzen wollte und nie Zeit dazu hatte. Bis zum Frühjahr werde ich nun schön die Finger davon lassen, denn es könnte ein Igel darunter sein. Auch Reisighaufen dürfen wir in den Wintermonaten nicht verbrennen.

Wird der Garten nicht übertrieben aufgeräumt, sind Obstbäume und Wildsträucher, hohes Gras und Laub vorhanden und wird kein Schneckenkorn verwendet, dann wird der Igel sich wohlfühlen und fleißig die Schnecken vom Salat fressen.

# 6. Unterwegs

Das Bedürfnis, aufzubrechen, das gewohnte Umfeld zu verlassen und sich neuen Abenteuern zu stellen, ist uralt. Die Sehnsucht nach der Ferne übte schon immer eine gewisse Faszination auf Menschen aus, die ihren Mut und ihre Kraft erproben wollten. Nicht umsonst ist die Reise als Symbol für den Lebensweg in viele Mythen und Märchen eingegangen. So mußte z.B. Odysseus auf seinen Irrfahrten viele Proben bestehen und konnte dadurch reifen.

Viele Tierarten gehen jährlich auf Wanderschaft, um zu überleben. So fliegen die Störche von Nordeuropa bis zu 10000 km weit nach Afrika, um dort während des Winters Nahrung zu finden. Es ist bekannt, daß z.B. auch Büffelherden, Wale, ja sogar Schmetterlinge Jahr für Jahr weite Strecken unterwegs sind. Aber wußten Sie auch, daß Pflanzen „reisen"? Samen werden durch den Wind, im Vogelmagen oder im Fell eines Tieres weitergetragen, aber auch durch den Menschen. Über Warentransporte sind schon viele fremdländische Pflanzen zu uns „eingewandert". So gelangte der Spitzwegerich mit der Ausweitung der großen Handelswege in die halbe Welt. Sein Samen haftete nämlich an den Wagenrädern.

Ausgedehnte Spaziergänge mit Kindern führen gerne in den Wald. Dieser Lebensraum ist eine Welt für sich, ein Ort der Erzählungen und Märchen von Zauberern und Feen, für Erkundungsspiele und Picknicks im Sommer. Vielleicht folgen wir dem Weg weiter über eine Wiese zum Bach, einem idealen Ort, um mit Kindern eine Zeitlang zu verweilen. Da werden Schiffe gebastelt, Stauwehre gebaut und im Sommer waten wir mit nackten Füßen in dem erfrischenden Naß oder beobachten die Kleinlebewelt im Bach. Auch das Wasser ist übrigens ständig unterwegs, ja es ist schlechthin das Sinnbild für Bewegung und Veränderung und vielleicht deshalb ein so faszinierendes Element.

Unterwegs sein bedeutet auch, Hitze, Kälte, Wind und Regen spüren und aushalten. Schlechtes Wetter sollte uns nicht daran hindern nach draußen zu gehen. Wetterkenntnisse, Vorsichtsmaßnahmen bei Gewitter sowie Orientierung in der Dunkelheit sollten geläufig sein. Auch eine geeignete Reiseapotheke, sowie Kenntnisse über Giftpflanzen sind wichtige Wegbegleiter.

Unterwegs sein heißt für viele Menschen heute: weit reisen. Im Zeitalter der schnellen Transporte ist dies möglich und erschwinglich geworden. Doch nur zu oft wird das Fernweh und das Bedürfnis nach neuen Entdeckungen auf Kosten der Umwelt gestillt. Früher bewegten sich Menschen häufig zu Fuß fort, die Handwerksburschen z.B. Sie benötigten viel mehr Zeit als heute, um von einem Ort zum anderen zu gelangen. Aber dadurch hatten sie auch viel mehr Zeit.

Zu Fuß mit Kindern unterwegs sein, ist schon ein kleines Abenteuer. Dazu brauchen wir nicht weit zu fahren, schon in der nahegelegenen Natur gibt es den Zauber des Neuen und Unbekannten zu entdecken.

## 6.1. Bachexkursion

Der Bach plätschert und murmelt vor sich hin. Wer genau hinhört, dem kann er einiges erzählen, denn das Wasser hat schon einen weiten Weg hinter sich. Alles Wasser auf unserer Erde ist uralt. Darum kann es sein, daß ein Wassermolekül, das wir heute trinken, früher in einem Dinosaurier herumgewirbelt ist. Das Wasser ist mit unserem Planeten zusammen entstanden. Es verdunstet bei Wärme, so entstehen Wolken, aus denen es dann wieder regnet. Der Regen versickert in der Erde und kommt dann als Quelle wieder aus dem Boden. Ein Kreislauf, der sich seit Jahrtausenden wiederholt.

Auf einem Familienausflug kann der nächste Bach genauer erkundet werden. Wie sieht er aus? Wurde der Rand fein säuberlich gemauert, oder ist das natürliche Ufer erhalten geblieben? Liegen Steine im Bachlauf? Wachsen dort Pflanzen? Ist der Bach ganz gerade, oder fließt er in Kurven?

Wenn Sie in einer bergigen Gegend wohnen, fließt der Bach wahrscheinlich sehr schnell. Dann ist es spannend, mit den Kindern die Geschwindigkeit, mit der das Wasser angebraust kommt, zu messen. Dazu braucht man ein Metermaß, einen Flaschenkorken und eine Stoppuhr. Zuerst wird am Bachufer eine Strecke von einigen Metern markiert. Dann wird der Flaschenkorken ins Wasser gesetzt. An der zweiten Markierung steht ein Helfer und stoppt die Zeit (1 m pro Sekunde = 3600 m bzw. 3,6 km pro Stunde).

Im Bach leben verschiedene Tiere. Allerdings nicht so viele, wie im Teich, denn hier können nur Tiere leben, die gut mit dem fließenden Wasser umgehen können. Es sind Tiere mit Saugnäpfen, Haken, Halteleinen – manche befestigen sich sogar mit Kleber an den Steinen. Vielleicht wollen Sie die Tiere zusammen mit ihren Kindern kennenlernen? Dazu brauchen Sie kleine Plastikschalen und einen weichen Pinsel. Vorsichtig wird ein Stein aus dem Bach herausgenommen: Die Tiere sitzen meistens auf der Unterseite. Man kann Eintagsfliegenlarven finden, die sich eng an den Stein schmiegen, oder Strudelwürmer, die zuerst so aussehen wie kleine Nacktschnecken. Mit dem Pinsel kann man die Tiere abtupfen und in die mit Wasser gefüllten Schalen setzen. Jetzt kann man sich alles genauer ansehen – aber bitte, besonders im Sommer, wenn es sehr warm ist, nicht zu lange. Es wird zu warm in den kleinen Plastikschalen, und der Sauerstoff reicht nicht sehr lange. Denken sie auch daran, den Stein wieder genau so ins Wasser zu legen, wie er vorher lag.

Manchmal ist es schwierig, einen Bach über eine längere Strecke zu verfolgen, zum Beispiel wenn er für eine Weile im Boden verschwindet. Dann können Landkarten helfen, den Bach wiederzufinden. Dazu ist ein wenig detektivischer Spürsinn erforderlich. Bei einer längeren Exkursion lohnt es sich auch zu verfolgen, ob man immer die gleichen Tiere findet oder ob an unterschiedlichen Rastplätzen unterschiedliche Tiere gefangen werden. Die Tiere, die in einem Bach wohnen, sagen nämlich etwas über die Wasserqualität aus. Sind nur wenige verschiedene Tiere und vor allem Wasserasseln, Schlammröhrenwürmer und rote Zuckmückenlarven zu finden, ist die Wasserqualität schlecht. Finden sich dagegen viele verschiedene Arten, z.B. Köcherfliegenlarven, Strudelwürmer, Steinfliegenlarven, Schnecken und Eintagsfliegenlarven, ist es um die Gesundheit des Baches besser bestellt.

Im folgenden finden Sie eine kleine Liste der Tiere, die am häufigsten zu finden sind. Für jüngere Kinder ist es nicht sinnvoll, die Arten genauer zu kennen. Es reicht, wenn sich die Eltern vorher mit den verschiedenen Tieren vertraut machen. Für Familien mit älteren Kindern (ab etwa 11 Jahren) sind genauere Bestimmungsbücher interessant (siehe Anhang).

### Eintagsfliegenlarven:

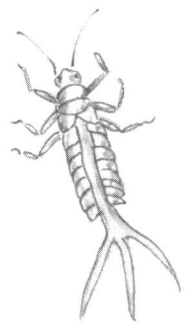

Die Larven der Eintagsfliegen leben monatelang im Wasser, bevor die fertige Eintagsfliege schlüpft. Die lebt dann aber wirklich meist nur einige Stunden oder wenige Tage. In dieser Zeit nimmt sie gar keine Nahrung mehr zu sich. Eintagsfliegenlarven, die in schnell fließendem Wasser leben, sind oft ganz platt, weil die Strömung so über sie hinwegrauscht. Sie haben meist drei Schwanzanhänge und seitlich am Hinterleib Kiemen.

---

Bachpatenschaften:
Informationen über das Umweltministerium Baden-Württemberg, Postfach 103439, 70029 Stuttgart.
Wer eine Bachpatenschaft übernehmen möchte, sollte sich mit der Stadt oder Gemeinde in Verbindung setzen.
In Freiburg wurde eine Video-Dokumentation über Bachpatenschaften hergestellt, die für 30,- DM (inkl. Porto/Verpackung) zu bestellen ist bei: Stadt Freiburg/Abtl. Stadtentwässerung, Sundgauallee 25, 79114 Freiburg.

### Steinfliegenlarven:

Steinfliegenlarven haben immer zwei Schwanzanhänge und nie seitlich Kiemen. Sie mögen am liebsten klares, schnell fließendes Wasser. Sie sind auf der Unterseite von Steinen zu finden.

### Strudelwürmer:

Wenn man einen Stein aus dem Wasser nimmt, sehen die dort haftenden Strudelwürmer aus wie kleine Gelklümpchen. Deshalb werden sie oft übersehen. Im Wasserbehälter strecken sie sich aber und kriechen mit der gesamten Bauchfläche über den Untergrund. Ausgestreckt sind sie etwa 1–2 cm lang. Einige Arten haben viele kleine Augen, die am Rand des Körpers sitzen, andere nur zwei.

### Köcherfliegenlarven:

Köcherfliegen sind nahe verwandt mit den Schmetterlingen. Sie sehen als ausgewachsene Tiere aber relativ unscheinbar aus. Interessanter sind ihre Larven, die aus verschiedenen Materialien kleine „Häuschen" bauen, die sie dann mit sich herumtragen. Manche Arten verwenden Sand, den sie Körnchen für Körnchen aneinanderkleben, bis ihr Köcher entstanden ist. Andere verwenden kleine Ästchen, Blattstückchen oder Steinchen.

### Flohkrebse:

Am Boden bewegen sie sich seitlich rutschend. Sie können aber auch, mit dem Rücken nach oben, schwimmen.

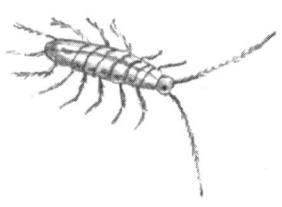

### Wasserasseln:

Die Wasserasseln kommen nur in sehr langsam fließenden Gewässer vor. Ihr findet sie am Boden zwischen Laub und absterbenden Pflanzen.

## 6.2. Pflanzen als Globetrotter

Meist handelt es sich ja bei Globetrottern um reisende Menschen, die mit dem Rucksack auf dem Rücken die Welt erforschen, manchmal aber sind es auch Lebewesen ohne Beine, mit Wurzeln, wie zum Beispiel der Spitzwegerich. Der ist eine Pflanze auf Weltreise.

Die Natur ist immer in Bewegung. Wenn sich im Herbst alles für die Winterruhe zu rüsten scheint, sind neue Pflanzen unterwegs als Samen oder Früchte. Die Mutterpflanzen bleiben zwar an Ort und Stelle, ihre Samen aber können auf vielerlei Arten durch die Lande reisen.

Wenn der Spitz- und der Breitwegerich verblüht sind, entwickeln sie kleine bräunliche Samen, die aussehen wie Leinsamen. Sie haben eine besondere Außenhülle. Wenn es nämlich geregnet hat, werden sie klebrig wie Eiweiß und bleiben haften, zum Beispiel an Schuhen oder an Wagenrädern. Wenn sich jetzt Menschen auf die Wanderschaft begeben, dann reist so ein Spitzwegerichsamen mit den Menschen mit, unbemerkt und manchmal sehr, sehr weit, eben um die ganze Welt. Als damals vor ungefähr 300 Jahren der Spitzwegerich mit den Auswanderern von Europa nach Nordamerika kam, nannten die Indianer die für sie fremde Pflanze deshalb „Fußstapfen des weißen Mannes". Die Wegerichfamilie heißt auf lateinisch ebenfalls „plantago", was „Fußsohle" bedeutet.

Heute sind die Wegericharten in Amerika weit verbreitet, und die Indianer benutzen sie, als wären sie schon immer „heimische" Pflanzen.

Es gibt noch andere Globetrotter im Pflanzenreich, die auf die unterschiedlichste Weise auf Wanderschaft gehen. Durch die Eroberung fremder Lebensräume wurden auch Pflanzen neue Kontinente erschlossen. Manche haben sich als Samen an Nutzhölzer geheftet und mit ihnen zusammen auf die lange Reise gemacht. Manche haben sich in Samenform als „blinde Passagiere" im Frachtgut versteckt und kamen so über den großen Teich. Und manchmal haben Menschen Pflanzen als „Mitbringsel" aus fernen Landen eingeführt. Die Dahlie aus Mexiko zum Beispiel erschien ihnen so wertvoll, daß sie gegen seltene Diamanten getauscht wurde! Der beliebte Sommer-

flieder oder Schmetterlingsbusch kam entlang der neuerbauten Bahngleise zu uns. Auch andere Zierpflanzen aus fernen Ländern haben hier ihre neue Heimat gefunden, wie die Begonie aus Südamerika, manche Astern aus Kanada oder das tränende Herz aus China. Viele wurden zunächst in Botanischen Gärten angepflanzt, aus denen sie später „ausgebüxt" sind.

Manche Fremdlinge sind nach der Entdeckung Amerikas in unsere Länder eingeführt worden, wie die Kartoffel etwa, die Tomate oder der Mais.

Es gibt auch Zuwanderer, die bei uns nicht so willkommen sind, denn sie können der heimischen Flora oder dem Menschen gefährlich werden. Das hübsche rosablühende Drüsen-Springkraut *(Impatiens glandulifera)* aus dem Himalaya oder auch der Japanknöterich *(Reynoutria japonica)* aus Ostasien überwuchern zum Beispiel Bachufer, Waldränder und Wiesen und verdrängen die schwächeren heimischen Pflanzen, was Naturfreunden sehr zu schaffen macht. Kleine und große Umweltschützer könnten hier der heimischen Natur zu Hilfe kommen. In manchen Städten gibt es zum Beispiel Bachpatenschaften (Adressen für solche Bachpatenschaften siehe unten): Da versucht man u.a. diese Wucherpflanzen zu beseitigen.

Ein besonders gefährlicher Neuling ist der Riesenbärenklau *(Heracleum mantegazzianum),* der bei Berührung schlimme Hautentzündungen verursachen kann, die wie Verbrennungen schmerzen. Wenn der Saft dieser Pflanze in die Augen gelangt, kann das sogar zum Erblinden führen! Der Riesenbärenklau wurde wegen seiner attraktiven und mächtigen Blütendolde aus dem Ural zu uns gebracht. Die getrocknete Blütendolde wird gern als Zimmerschmuck verwendet. In diesem Zustand ist der Riesenbärenklau keine Gefahr mehr.

## 6.3. Ein Ahornsamen erzählt

*Endlich bin ich groß, endlich erwachsen. Ich warte nur noch auf den Wind, meinen Freund. Beim nächsten Sturm werde ich mich losreißen von meinem Eltern-Baum, abnabeln, wie die Erwachsenen sagen.*

*Ich bin ein Bergahornsamen, geborener Ahorn, vom Stamme der Bergahorne. Meine Verwandten sind der Spitzahorn und der Feldahorn, und „die reiche Tante in Amerika" ist der Zuckerahorn. Richtig, von diesem Baum wird der Ahornzucker gewonnen, als Ahornsirup bekannt. Meine Eltern sind so mittelalt, ungefähr 120 Jahre jung, und 25 m hoch. So groß will ich mindestens auch mal werden. In unserer Großfamilie können wir nämlich bis zu 40 m hoch wachsen und 500 Jahre alt werden. Aber im Moment bin ich ein ganz kleiner, aber inhaltsreicher Samen, eben ein Bergahornsamen.*

*Damals, nach der Blüte meines Elternbaumes – habt Ihr schon mal einen Ahornbaum blühen sehen mit seinen leuchtend gelbgrünen Blütendolden, wie kleine Blumensträuße? – bin ich aus einer kleinen Blüte gewachsen. Jeder Samen hat bei uns einen großen Samenflügel, je zu zweit zusammengewachsen als „Doppelfrucht", wie die Botaniker sagen. Wozu brauche ich Samen-Flügel? Wir Pflanzen sind ja verwurzelt und haben keine Beine. Also brauchen wir fremde Hilfe, um unsere Samen in die Welt zu streuen, weit weg. Deshalb müssen uns so schöne große Flügel wachsen. Damit uns der Wind weit forttragen kann. Früher habe ich das nie verstanden, da wollte ich nie weit weg, ich wäre gerne nah bei meinen Eltern aufgewachsen. Aber heute, wo ich schon ein reifer Same bin, ist mir klar: Würde ich hier grade so vom Baum herunterfallen und Wurzeln schlagen – wie könnte ich da selbst groß werden? Meine Eltern würden mir ja Licht, Wasser und Nährstoffe wegnehmen. Konkurrenz nennt man das in der Sprache der Erwachsenen.*

*Nein, ich will nicht im Schatten meiner Eltern stehen, ich will vom Wind in die Welt geweht werden und mir mein eigenes Zuhause suchen. Dort werde ich dann ein großer, großer Baum werden, und wenn ich ungefähr 20 Jahre alt bin, werde ich das erste Mal Blüten ansetzen und aus denen werden weitere Samen werden – so wie ich heute einer bin.*

*Wir von der Ahornfamilie sind ziemlich hoch gewachsen. Ich und meine Geschwister sind als Samen klein und leicht. Dafür haben wir mit unseren dünnen Flughäuten Top-Flugeigenschaften! Damit können wir sogar für den nötigen Auftrieb sorgen. Ich zum Beispiel bin ein Schraubenflieger, wie die Lindensamen oder Weißtannensamen auch. Ich drehe mich ständig um mich selbst. Dadurch trudele ich*

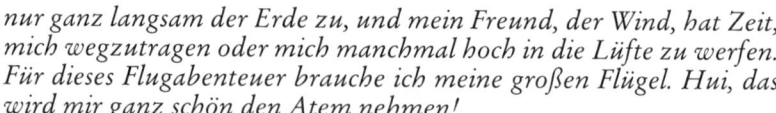

*nur ganz langsam der Erde zu, und mein Freund, der Wind, hat Zeit, mich wegzutragen oder mich manchmal hoch in die Lüfte zu werfen. Für dieses Flugabenteuer brauche ich meine großen Flügel. Hui, das wird mir ganz schön den Atem nehmen!*

*Wie machen das meine ferneren Verwandten, andere Bäume? Manche sind auch ganz schön raffiniert, wie zum Beispiel die Ulme. So ein Ulmensamen sieht aus wie ein Ufo, seine Flughaut ist scheibenförmig, wodurch der ganz elegant durch die Lüfte kurvt. Das würde mir auch gut gefallen.*

*Natürlich gibt es in der Natur noch viele andere, kleinere und noch leichtere Samen, die mit dem Wind gut fliegen können. Die Löwenzahnsamen von der Pusteblume kennt Ihr sicher alle. Um hoch in die Luft zu kommen, sind sie wie ein Fallschirm gebaut und ganz leicht.*

*Andere Pflanzen übrigens sind nicht so selbständig wie wir „Windigen“. Die brauchen Tiere oder sogar das Wasser, um an einen anderen Standort zu gelangen. Allerdings müssen sie für die „Taxidienste“ bezahlen, ist ja klar. Manche haben zum Beispiel verlockend feine Samenhüllen entwickelt, die manche Lebewesen „zum Fressen gern“ haben. Samenhülle ist ein trockener Name für so eine saftige Frucht wie die Kirsche.*

*Kommt dann vielleicht ein Vogel vorbei und frißt eine Kirsche, so läßt er irgendwo den Kern nach der Verdauung runterplumpsen. Klacks, fällt der Same in ein bißchen Vogelkacke verpackt auf den Boden; da ist dann der Dünger gleich dabei. Das find ich ganz schön praktisch. Und stellt euch nur vor, wie weit so ein Vogel fliegt, was für eine weite Reise so ein zukünftiges Kirschenbäumchen im Vogeldarm machen kann!*

*Es gibt aber auch Bäume, die haben ganz schwere Früchte, die Eicheln von der Eiche zum Beispiel. Wer hilft denn denen, daß sie sich von ihrem Elternhaus lösen? Die Eichhörnchen natürlich und die Eichelhäher. Sie nehmen sich die Eicheln und vergraben sie, um im Winter genügend Nahrungsvorrat zu haben. Viele Früchte holen sie während der kalten Jahreszeit aus ihrem Versteck und vespern sie. Aber so manche Eichel finden sie nicht mehr, denn sie haben das Versteck vergessen, und die können dann im Frühjahr Wurzeln schlagen und zu wachsen anfangen.*

*Wollt ihr noch wissen, wie es der gelbe Hahnenfuß macht, den meisten von euch als Butterblume bekannt? Der ist ganz raffiniert: Beobachtet mal die verblühte Blüte innerhalb von ein paar Tagen, wie sie sich verändert. Aus der leuchtend gelben Butterblume wird ein kleiner strubbeliger Haarschopf. Diese „Haarborsten“ sind am Ende gekrümmt, und so bleiben sie wie eine Klette haften. Wo? Vor*

*allem an Tierfellen. Kommt also ein Fuchs, ein Dachs oder auch euer Hund an dieser Butterblume vorbei, so spielen sie Taxi und befördern den Samen ich weiß nicht wohin. Denn so eine Samenklette kann ganz schön lästig sein und eben irgendwo wieder abgestreift werden. Es gibt noch viele Beispiele, wie Samen sich ausbreiten lassen. Da gibt es Pflanzen, die sind Weltmeister im Samenkornweitschießen. Deren Fruchthüllen springen auf und schleudern die Samen weit fort. Versucht es mal beim Springkraut. Nur behutsam die prallen Früchte anstupsen, und, hoppla, da kriegt man ja einen Schreck, platzt die Frucht ganz schnell auf und schleudert den Samen weg. Noch mal probieren, dann erschreckt ihr nicht mehr. Andere Samen bilden süße oder fette Anhängsel und lassen sich von den Schleckermäulern unter den Tieren, den Ameisen, fortschleppen. Der Bärlauchsamen zum Beispiel hat so ein nahrhaftes „Schwänzchen", das gar nicht nach Knoblauch riecht – das holen sich die Ameisen gern. Dann gibt es noch Samen, die machen gleich eine ganze Weltreise. Wasserpflanzen wie die Teichrosen bauen einen luftgefüllten Ballon als Transportschiff für ihre Samenkinder und schicken sie damit aufs große Meer. „Eine Bootsfahrt, die ist lustig ..." Diese „Schwimmer" bleiben während ihrer Seefahrt trocken und gut geschützt, bis sie irgendwo landen. Wißt ihr, wer der größte und wer der kleinste Same der Welt ist? Der größte ist die Seychellennuß, und gleich darauf kommt die Kokosnuß, zu den kleinsten Samen gehören die Orchideensamen. Aber ob groß oder klein, ich glaube, nichts ist so schön wie ein Schraubenflieger zu sein!*

*Ein bißchen will ich Euch noch von uns Ahornen erzählen, denn wir sind eine sehr wichtige Familie unter den Pflanzen. Unsere Blätter kennt Ihr sicher, fünflappig wie Finger. Sie werden im Herbst so leuchtend rot-gelb-bunt. Ratet mal, wieviel Blätter ein Baum von uns jeden Herbst abwirft? Na? Eine halbe Million, das sind 500000! Stellt euch vor, ihr müßtet sie zusammenkehren – ihr würdet grade darin versinken. Aber wißt Ihr, daß unser Stammholz wunderbar naturweiß ist, gut geeignet zum Drechseln? Auch für Möbel, Spielzeug oder für Küchengeräte, ja sogar für Musikinstrumente wie die Geige. Überhaupt haben wir früher eine sehr wichtige Rolle gespielt. Ein Zapfen aus Ahornholz, in die Stalltür geschlagen, verhinderte, daß böse Mächte dort einzogen, so erzählte mir meine Großmutter. Am 21. Juni, der Tag- und Nachtgleiche, wurden an Tür und Fenster Ahornzweige gesteckt – das sollte vor Blitzschlag schützen. Aber das war einmal. Heute haben die Menschen alle Blitzableiter an ihren Häusern, und wer weiß noch etwas von den wichtigen Ereignissen der Sommersonnenwende?*

*Doch davon ein ander Mal, jetzt muß ich aufhören zu erzählen, denn ich muß mich noch ein bißchen vorbereiten und Abschied nehmen von meinen Eltern. Denn heute bin ich erwachsen geworden. Heute kommt der Wind und pustet mich fort.*

*Heute ist mein großer Tag!*

*Ob ihr Kinder wohl an mich denkt, wenn ihr das nächste Mal einen Ahornsamen auf die Nase pappt?*

Infos **Ahorn – Baum des Jahres 1995**

Als wertvolle Mischbaumart sorgt der Ahorn durch eine tiefe Humusschicht für eine bessere Nährstoffversorgung des Bodens. Dadurch sind Ahorn- und andere Bäume in einem Mischwald widerstandsfähiger gegen negative Umwelteinflüsse. Seiner wunderbar leuchtenden Blätter im Spätsommer und seiner wirtschaftlichen und kulturellen Bedeutung wegen ist der Ahornbaum so beliebt. Als Edelholz wird er für den Möbelbau oder für Parkett bevorzugt.

## 6.4. Wiese

*Spannende Geheimnisse auf einer Wiese*

*Was gibt es Schöneres, als auf der Wiese zu liegen und in den Himmel zu schauen?*

*Aber Katrin und Michaela haben heute dazu keine Zeit. Sie sind auf Forschungsexpedition und wollen die Geheimnisse der kleinen Wiese unten am Bach erkunden. Dazu sind sie gut ausgerüstet. Sie haben sich Großvaters Lupe „ausgeliehen", mit der er immer seine Briefmarken anschaut.*

*Doch sie entdecken schon mit bloßem Auge die tollsten Dinge. Zwischen dem alten Vorjahreslaub, mehr braun-grau als grünbunt, ziemlich langweilig, leuchtet etwas. Ein gelber Stern, mit glänzend gelackten Blütenblättchen. Schön sieht das aus! Das ist das Scharbockskraut, das am feuchten Bachrand einen grünen Blätterteppich*

---

Ein vierseitiges farbiges Informationsblatt über den „Baum des Jahres" ist gegen Beifügung von DM 3,– in Briefmarken erhältlich bei:
Schutzgemeinschaft Deutscher Wald
Meckenheimer Allee
53115 Bonn.

*bildet. Die Blätter, die dazugehören, sind saftig und herzförmig. Unter der Lupe sehen die Blattadern aus wie ein schön gezeichneter Baum. Wie sie gerade mit der Lupe beschäftigt sind, steigt brummend etwas in die Luft – eine Erdhummel, die hier irgendwo ihr Nest haben muß. „Keine Angst", sagt Katrin, „die stechen nicht. Hummeln greifen Menschen nicht an." Und da hat sie recht. Hummeln stechen nur, wenn sie sich verteidigen müssen.*

*Die Mädchen wollen noch mehr mit ihrer Lupe erforschen und beugen sich jetzt über ein Gänseblümchen. Die blühen das ganze Jahr über, man findet sie, wenn kein Schnee liegt, sogar im Winter auf der Wiese. Unter der Lupe ein toller Anblick, die zipfeligen rosabehauchten Blütenblätter und der honiggelbe Blütenberg im Zentrum, den winzige bestäubende Insekten besuchen. Und dann die grünen Blätter: eine Rosette wie Feldsalat! Michaela weiß, daß man die essen kann. Auf ihrem letzten Geburtstagsfest gab es einen bunten Salat mit Blüten und Blättern vom Gänseblümchen.*

*„Und weißt du, Katrin, daß man auch das essen kann?" fragt Michaela, und zeigt auf ein gezacktes grünes Etwas. „Rat mal, es wächst im Maul eines wilden Tieres?" „Löwenzahn natürlich, das weiß doch jeder", sagt Katrin. Direkt daneben liegt ein leeres Schneckenhaus, das von altem welken Gras halb verdeckt ist. Natürlich wohnt da keine Schnecke mehr drin, sondern es ist die Kinderstube einer kleinen borstig behaarten Mauerbiene, die hier ein Ei abgelegt hat. Das hat ihnen ihre Lehrerin erzählt. Aber leider, mit Großvaters Lupe kann man nicht in das Innere des Schneckenhauses schauen.*

*Und da etwas Seltsames: ein kleines Schaumhäufchen, das an einem Pflanzenstengel klebt: Das ist das Wiesenschaumkraut, an dem die Schaumzikade – kleine Insekten – aus Pflanzensaft ein weiches luftiges Nest bereitet, Schaumflocken, in denen die kleinen Zikadenlarven geschützt heranwachsen. Und weil diese Schaumflocken beim Wiesenschaumkraut besonders häufig angetroffen werden, heißt es Schaumkraut.*

*Dann und wann, an Wochenenden oder in den Ferien, gehen Katrin und Michaela auch am Vormittag auf ihre „Forschungswiese". Da sieht alles ganz anders aus. Da glitzert's noch vom nassen Tau. Die Schleimspuren der Schnecken ziehen sich glänzend durchs Gras. Und vor allem eine Pflanze ist wie von Edelsteinen übersät: der Frauenmantel, eine alte Heilpflanze, wie Michaelas Großmutter ihnen erzählt hat. Die schillernden Tropfen auf dem gefalteten mantelartigen Blatt sollen schön machen. Und Katrin und Michaela müssen das natürlich ausprobieren. Sie tupfen mit den Fingern die Tauperlen ab und benetzen sich ihr Gesicht damit.*

*Es gibt über's Jahr so viel zu entdecken: das Eierpaket der Wolfs-
spinne, die unter der Lupe so wunderbar gruselig aussieht und die
ihre Kinder, wenn sie geschlüpft sind, auf dem Körper mit sich her-
umträgt, die Käfer und Schwebfliegen, die die Blüten der wilden
Möhre und des Wiesenbärenklaus besuchen, Schmetterlinge wie das
kleine Widderchen oder der Bläuling, die mit ihren aufgerollten Rüs-
seln auf Nektarsuche in die Blüten tauchen, und die Bienen, die
schwerbepackt mit Pollenhöschen von Blüte zu Blüte fliegen.*

*Es ist Hochsommer. Mit Großvaters Lupe machen Katrin und
Michaela eine überraschende Entdeckung: Wie schön die Gräser
blühen! Unter dem Vergrößerungsglas sehen sie die knallgelben
Staubbeutel, die aus den Ähren des Wiesenhafers baumeln. Aber komisch, da zeigt sich kein Insekt, das zur Befruchtung kommt. Warum? Bei Gräsern übernimmt der Wind die Bestäubung.*

*(Pollenallergiker wissen ein Lied davon zu singen.)*

*In den Sommerferien machen die Mädchen mit ihren Eltern einen
Abendspaziergang. Dunkelheit senkt sich über die Erlen am Fluß,*

und das Gras der Wiese wird wieder taunaß. Das ist die Zeit der Regenwürmer. Wie von Zauberhänden bewegt sich ein Blatt, zu einer
kleinen Tüte zusammengerollt, und verschwindet langsam in der
Erde. Katrins Vater sagt: „Das war ein Regenwurm, der sich sein
Futter geholt hat." Und er zeigt auch, welche Spuren diese fleißigen
Erdbewohner zwischen den Grashalmen hinterlassen haben: kleine,
zu Würstchen geformte Häufchen aus Erde, Regenwurmkot. Aber
schon gibt es noch Interessanteres zu sehen: tanzende grünliche Lichter zwischen den Halmen – Glühwürmchen, die man sogar fangen
kann. Man kann sie wie einen kleinen Lampion in der hohlen Hand
leuchten lassen! Und verwunderlich ist, daß diese leuchtenden Käferchen ganz kühl in der Hand liegen. Natürlich lassen die Mädchen
diese fliegenden Lampions sofort wieder frei.

Eine Sommernacht in der Wiese, die die Mädchen nicht vergessen
werden.

Dann kommt der Herbst. An einem Septembervormittag schillern
viele Spinnennetze, vom Morgentau benetzt. Am warmen Nachmittag wehen Spinnfäden im Wind – da suchen sich kleine Spinnen ein
neues Zuhause. Altweibersommer ... Im Oktober, wenn die letzten
Zugvögel zu beobachten sind, gräbt sich Maulwurf Grabowski seine
Winterwohnung: Der erste Maulwurfshügel ist zu sehen. Später im
Jahr macht auch die Schnirkelschnecke ihr Haus winterfest und verschließt es mit einer dicken Kalkschleimschicht. Immer mal wieder
taucht eine Maus auf. Feldmäuse halten keinen Winterschlaf. Irgendwie werden sie etwas zu fressen finden.

Das Jahr vergeht, der Winter kommt, und auch im Rauhreif ist die
Wiese voller Geheimnisse. Gegen Weihnachten sind dann fast keine
grünen Pflanzen mehr auf der Wiese. Aber Binsengräser oder vertrocknete Stengel, manchmal noch mit den Fruchtständen. Und doch
ist noch Leben in der Wiese. Da finden sich Vögel ein, die im verlühten rostbraunen Ampfer nach Samen suchen, und in den hohlen
tengeln des Bärenklaus überwintern gut geschützt die Larven zahleicher Insekten, die auf das kommende Frühjahr warten.

Und dann, im März, beginnt der Lebenszyklus in der Wiese aufs
eue. Da blüht wieder das Scharbockskraut. Und Katrin und Michala werden wieder auf die Suche gehen.

### Kinder schreiben Naturtagebuch

Die Aktion „NaturTageBuch" ist ein Wettbewerb der badenwürttembergischen BUNDjugend, der Naturschutzjugend und des Bundes deutscher Pfadfinder. Mitmachen können Acht- bis Zwölfjährige, egal ob sie sich allein, mit Geschwistern oder als Gruppe beteiligen wollen. Aufgabe ist, ein Stück Natur intensiv im jahreszeitlichen Wandel zu beobachten. Dabei suchen sich die Kinder ein Biotop in ihrer Nähe – etwa eine Feldhecke, einen Tümpel, eine Wiese oder auch eine Baumgruppe im Stadtpark –, das sie über eine Vegetationsperiode hinweg regelmäßig aufsuchen. Ihre Entdeckungen halten sie in einem Naturtagebuch fest. Ob Erlebnisberichte, Zeichnungen, eingeklebte Fundstücke oder Photos – alles ist erlaubt und gewünscht. Gegen Ende des Jahres werden sämtliche eingesandten Naturtagebücher prämiert. Für besonders eifrige und kreative Beobachter gibt es Hauptpreise.

Alle TeilnehmerInnen können fünf leichtverständliche Mitmach-Magazine abonnieren. Darin erzählt Manfred Mistkäfer, das Maskottchen, aus seinem tierischen Leben und gibt den Kindern aktuelle Beobachtungstips. Diese Begleithefte erscheinen im Frühjahr, Sommer, Herbst und Winter.

Material u. Informationen bei: NaturTageBuch, Rotebühlstr. 86/1, 70178 Stuttgart, Tel. 0711/6197022.

### Die Wiesenapotheke

Die Welt um uns herum ist voller Pflanzen. Ohne Pflanzen gäbe es kein Leben auf unserer Erde.

Seit es Menschen gibt, leben sie mit Pflanzen – und von ihnen. Früher sammelten die Menschen, was die Natur ihnen bot: Blätter, Körner, Nüsse, Samen, Beeren und Wurzeln. Wenn sie sich bei ihren Streifzügen verletzten, so gab es keinen Krankenwagen, der sie schnell zum Arzt brachte. Sie suchten dort, wo sie sich gerade befanden, nach heilenden Pflanzen. Das war ihre Apotheke.

Wer heute auf einer Wanderung unterwegs ist und sich verletzt hat, wäre sicher froh um die „Wald- und Wiesenapotheke", in der heilsame „Wiesenwundpflaster" wachsen.

Die „Wiesenapotheke" liefert frische Blätter zur „Sofortbehandlung" von Verletzungen, die man sich während einer Wanderung zuziehen kann. Sie soll den Arzt, falls notwendig, keinesfalls ersetzen.

Solche Pflanzenblätter sollten sauber sein und leicht zerrieben werden, damit der heilende Pflanzensaft austritt. Nicht in offene blutende Wunden geben! Werden größere Mengen als Wundauflage oder Umschlag benötigt, können diese auch auf einer harten Unterlage mit einer (Thermos-)Flasche wie mit einem Wellholz zerquetscht werden, oder es kann der Pflanzensaft, auf diese Weise in ein sauberes Taschentuch gepreßt, als „Saftkompresse" verwendet werden.

Kinder wenden gerne den „Spitzwegerich-Trick" an: Man nimmt ein paar längere Blätter und versucht, daraus einen Knoten zu machen. Und den rollt und reibt man nun zwischen den Handflächen hin und her, bis grüner Saft austritt. Dann sind die Hände voll davon. Und die kann man dann auf eine Schürfwunde oder auf einen Bienenstich legen. Das nimmt rasch den Schmerz, und die Wirkstoffe des Spitzwegerichsaftes fördern die Heilung. Wer sich so in der Wiesenapotheke auskennt, weiß sich also immer zu helfen.

### Pflanzen für die Wiesenapotheke – frisch von der Wiese

**Ampfer:**
Die Blätter der großen Ampferarten, wie der Große, Stumpfe oder Krause Ampfer, sind sogenannte „kalte" Blätter und daher sehr geeignet für einen kühlenden Umschlag. Zum Beispiel auf die Stirn oder den Kopf gelegt bei Sonnenstich, oder auf die Haut bei Sonnenbrand oder kleineren Verbrennungen. Auf wundgelaufene Füße, geschwollene Knie, oder sogar bei hohem Fieber als „ableitende Therapie" um Füße und Waden gewickelt. Vorsicht, nie zu lange aufliegen lassen, der Blattumschlag könnte zu stark auskühlen! Außerdem ist ein Ampferblatt als „grüne Alufolie" zu empfehlen: Früher brachten die Bauern die Butter in Ampferblätter eingeschlagen von der Alm ins Dorf, damit sie frisch blieb. Warum also das Vesperbrot nicht mal in Ampfer einwickeln?

**Bärlauchblätter:**
Frisch gequetscht erzeugen sie eine örtlich erhöhte Blutzufuhr und sind bei schlecht heilenden Wunden, Abszessen und Furunkeln anzuwenden. Der weiße untere Teil des Stengels wirkt lindernd bei Insektenstichen.

**Beifuß:**
Beifußblätter werden seit altersher in die Strümpfe gelegt („Beifuß"!), und zwar mit ihrer drüsigweißen Unterseite, die Fettpuderwirkung hat, direkt auf die Fußsohle. Es erfrischt müde gelaufene Füße und beugt wirksam der Fußblasenbildung vor, ähnlich dem Wegerich.

132

### Beinwell:
Gequetschte Blätter als Umschlag bei Knochenhaut-, Schleimbeutel- oder Sehnenscheidenentzündung, bei Prellungen oder Verrenkungen, als erste Hilfe bei Knochenbrüchen (der Inhaltsstoff Allantoin regt die Kallusbildung an) und Verbrennungen. Auch bei tiefen Schnittverletzungen wirkt Beinwell durch seine heilenden Inhaltsstoffe schnell und zuverlässig.

### Gänseblümchen:
Das „Wiesen-Wundpflaster für Kinder" bei Insektenstichen und kleinen Hautaufschürfungen, wirkt entzündungshemmend, abschwellend, schmerzlindernd. Bei Verstauchungen einen Blattumschlag anlegen.

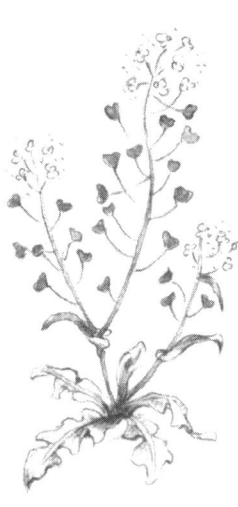

### Hauswurz:
Zerquetschtes Frischblatt bei Verbrennungen und Entzündungen.

### Hirtentäschel:
Wirkt blutstillend. Blühendes Kraut als „Saftkompresse" bei oberflächlich blutenden Wunden verwenden.

### Hopfen:
Frisch zerstoßene Blätter auf Quetschwunden.

### Huflattich:
Das Blatt gilt als samtweiche kühlende Auflage bei Schwellungen. Wohltuend auch auf geschwollenen Füßen. Bei Kopfschmerzen das Blatt mit der filzigen Unterseite auf die Stirn legen.

### Malve:
Wirkt schleimhautschützend. Die Blütenblätter und Blätter bei Verletzungen als Auflage.

### Minzenblatt:
Wirkt kühlend, abschwellend, schmerz- und juckreizstillend. (Das reine ätherische Öl – Menthol – wirkt örtlich betäubend. Aber Vorsicht, nie bei Kleinkindern und Säuglingen anwenden! (Menthol-Überempfindlichkeit))

### Rosenblütenblatt:
Als kühlender Umschlag bei Brandwunden. Bei geschwollenen Augen, z.B. bei Heuschnupfen, werden die Blütenblätter der Rose aufs

Auge gelegt und ein feuchtes Taschentuch darüber gebreitet, das wirkt wunderbar kühlend, zusammenziehend und abschwellend!

**Sauerampfer:**
Kühlend und abschwellend.

**Schafgarbe:**
Als Wundheilblatt schon in der Antike berühmt. Schafgarbe wirkt blutstillend, desinfizierend, entzündungshemmend, krampflösend (hoher Azulenanteil). Im 2. Weltkrieg wurden noch Tausende von verletzten Soldaten mit Schafgarbe behandelt. Aber Vorsicht: Schafgarbe gehört zu den Pflanzen, die bei Sonnenbestrahlung eine Wiesen-Hautentzündung auslösen können und gegen die manche Menschen allergisch reagieren. Immer erst eine Probe machen, indem ein Blättchen zerrieben in die Ellenbeuge eingerieben wird: bei Rötung nicht anwenden! Die Pflanze nie in offene Wunden bringen! Bei Blutungen oder Schürfwunden wird der Pflanzensaft in ein sauberes Tüchlein gepreßt und als Auflage verwendet.

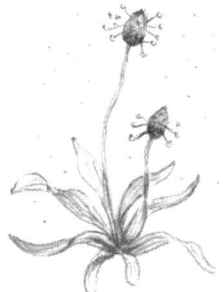

**Spitzwegerich:**
Wirkt keimtötend, abschwellend und entzündungshemmend. Er wird als heilender Wundverband verwendet. Bei Fußblasen kann ein Umschlag aus Spitzwegerichblättern angelegt und weitergelaufen werden. Blatt-Auflagen als Erste Hilfe bei Hieb-Stich- und Schnittverletzungen.

**Breitwegerich:**
Wird zur Heilung und Kräftigung müder und wunder Füße direkt als Einlage in die Schuhe gelegt.

**Wundklee:**
Zerquetschtes blühendes Kraut als Wundpflaster. Bei Zerrungen als Wundeinlage in den Verband einbinden.

## Johanniskraut

Sommersonnenwende. Der längste Tag des Jahres, 16 Stunden Sonnenschein. Die Nacht, so kurz wie nie im Jahr. Die Sonne hat ihren höchsten Stand erreicht und steht damit gleichzeitig am Wendepunkt: Sommer-Sonnen-Wende.

An diesem Tag, am 21. Juni, haben schon unsere Vorfahren mit großen Feuern das Sonnenfest gefeiert. Sonne heißt Leben, heißt wachsen und gedeihen, die Sonne wärmt, sie kann verbrennen und zerstören. Sonnwendfeuer symbolisieren all diese Kräfte der Sonne.

Und so war es in alten Zeiten auch Sitte, über das Sonnwendfeuer zu springen und um die Flammen zu tanzen. Das sollte ein Jahr lang vor allem Bösen schützen und Glück, Gesundheit und Fruchtbarkeit bringen. Junge Paare faßten sich an der Hand und wagten den Sprung gemeinsam. Auch das Vieh wurde durchs Feuer getrieben. Man war sich sicher, daß zu dieser Zeit, um Johanni (das ist der 24. Juni), Bäume und überhaupt alle Pflanzen besondere Kräfte haben, Zukünftiges offenbar wird und sogar verborgene Schätze zutage treten. Kränze aus Johanniskraut, einer heiligen Pflanze, die mit ihren Lichtkräften alles Übel abwehren sollte, wurden gewunden. Wer einen solchen Kranz über den Dachfirst seines Hauses warf, schützte es vor Blitzschlag. Wer das Johanniskraut im Sonnwendsträußchen eingebunden hatte, besaß besondere Zauberkraft: Er war ein Jahr lang vor Fieber und Erkältungskrankheiten geschützt. An Johanni legten die Mädchen sich neun verschiedene „Johanni-Blumen" unters Kopfkissen. Da sollte ihnen im Traum ihr Liebster erscheinen Aber auch heute wird vielerorts die Sommersonnenwende zu Johanni gefeiert, und man kann auf den Anhöhen große Feuer lodern sehen.

Das Johanniskraut hat seinen Namen von Johannes dem Täufer, der nach der Überlieferung an einem 24. Juni, ein halbes Jahr vor Christus, geboren wurde. Und weil die Sonnenwende als ein Fest des Lichts gilt und Johannes als Vorläufer des Christus, des „Unbesiegten Lichts", hat die christliche Kirche dieses heidnische Fest vom 21. auf den 24. Juni verlegt. Das Johanniskraut beginnt zu dieser Zeit zu blühen. Arnika der Nerven, Hexenkraut und Teufelsflucht wird es auch genannt: Wer solche Namen trägt, muß von starker Wirkung sein! Und tatsächlich, Johanniskraut hat gespeicherte Sonnenenergie in sich: Seine gelben Blüten leuchten wie Sonnenräder, der Kranz der Staubgefäße sieht wie eine Krone aus Sonnenstrahlen aus. Da wird einem richtig warm ums Herz, Johanniskraut macht fröhlich. Das weiß man auch in der Pflanzenheilkunde: Wem dunkle Schatten auf der Seele liegen, der kann mit Johanniskraut das Gemüt aufheitern. Sogar in der Schulmedizin wird seit einigen Jahren Johanniskraut, *Hypericum perforatum*, bei leichten und mittleren Depressionen als stimmungsaufhellende Medizin empfohlen, die keine Nebenwirkungen hat – bis auf eine erhöhte Lichtempfindlichkeit, die diese „sonnenhaltige" Pflanze bewirken kann. Wer also Hyperikumpräparate einnimmt, sollte die pralle Sonne meiden. Auch äußerlich angewendet ist Johanniskraut ein wunderbares Heilmittel. Hier wirkt das aus Johanniskrautblüten hergestellte „Rotöl" als Einreibung bei Nervenschmerzen und Entzündungen sowie bei Verbrennungen schmerzlindernd und wundheilungsfördernd.

### Erkennungsmerkmale des echten Johanniskrautes

Als lichtliebende Pflanze ist Johanniskraut auf sonnendurchfluteten Weiden, trockenen Wiesenböschungen und Waldlichtungen zu finden. Typisch ist sein zweikantiger Stengel. Wenn man seine Blättchen gegen das Licht hält, sehen sie aus wie perforiert, wie mit einer Nadelspitze durchstochen. Der Sage nach sind sie entstanden, weil der Teufel aus Wut über eine verlorene Menschenseele seine Krallen tief in die Blätter der Pflanze gegraben hat, denn Johanniskraut soll vor dem Teufel schützen. Diese „perforierten" Stellen beherbergen die winzigen Öltröpfchen, die im Blattgewebe eingelagert sind. Die Hauptwirkstoffe des Johanniskrauts sind hier und in den Blüten enthalten. Wenn man diese zwischen den Fingern zerreibt, tritt der rote Blütensaft aus, der auch dem Rotöl seine Farbe gibt.

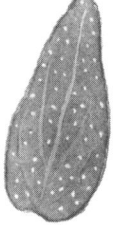

Mit den ausgequetschten Blüten des Johanniskrautes läßt sich auch wunderbar malen. Mit einer zerdrückten Blüte zwischen den Fingern kann man dunkelbraune und rubinrote Farben direkt aufs Papier zaubern. Natürlich werden dabei auch die Finger von den kräftigen Farbpigmenten gefärbt.

### Ernte und Herstellung von Rotöl

Um Johanniskrauttee zu sammeln, wird das Kraut eine Handbreit über dem Boden mit der Schere geschnitten. Die locker gebundenen Sträuße werden schattig zum Trocknen aufgehängt. Für eine Tasse Tee wird 1 Teelöffel getrocknetes Kraut verwendet.

Für das Rotöl wird ein sauber ausgekochtes Schraubglas mit frischen Blüten und Knospen gefüllt. Diese mit bestem kaltgepreßten Olivenöl übergießen. Eine Woche lang unverschlossen (nur mit einer Kompresse bedeckt) der Sonne aussetzen. Danach verschließen und sechs Wochen in der Sonne stehen lassen, bis der Inhalt eine rubinrote Farbe angenommen hat. Zwischendurch immer mal wieder schütteln, damit vor allem am Anfang die Blüten stets von Öl bedeckt sind. Abseihen und den Bodensatz auspressen. Dieses Öl vor-

sichtig in kleine dunkle Fläschchen abfüllen und kühl aufbewahren. Anwendung: Als Einreibung bei Nervenschmerzen (Schulter-Arm-Syndrom, Neuralgien, Hexenschuß) und Entzündungen sowie bei Verbrennungen (1. Grades und Sonnenbrand), zur Nachbehandlung von stumpfen und scharfen Verletzungen, bei Gürtelrose (öl-getränktes Läppchen auflegen oder behutsam damit abtupfen), zur Vorbeugung von Wundliegen im Krankenbett. Außerdem ist es ein hervorragendes Narbenöl.

## 6.5. Waldzauber – Zauberwald

Im Wald, da sind die Märchen zu Hause. Da ist es still, und eine ganz eigene Welt entfaltet sich. Ein Vogel singt, etwas raschelt im Laub, unter den Schritten knacken Äste. Es riecht würzig, und das Sonnenlicht kommt nur gefiltert durch das Blätterdach. Waldzauber – Zauberwald.

Doch manchmal kann es im Wald besonders aufregend sein, z.B. in der Dämmerung.

Gerade in dieser Zeit zwischen Tag und Nacht ist der Wald am lebendigsten. Da ist der Dachs auf Nahrungssuche, das Käuzchen gleitet lautlos durch die Dunkelheit, erste Nachtfalter schwirren vorbei – oder war es eine Elfe? – Manchmal ist auch im Frühsommer am Waldrand vor dem noch hellen Abendhimmel der Zickzackflug der Fledermäuse zu sehen.

Ein ganz besonderes Erlebnis ist eine Nacht im Wald im Sommer. Kinder, Eltern und Freunde suchen sich unter einer alten Kiefer einen geeigneten Platz zum Übernachten. Erfahrene „Waldabenteurer" bauen sich ein sogenanntes Waldsofa: Reisig, Moos und Äste werden zu einer Art runden Bank zusammenschichtet, auf der alle Platz haben, und in deren Schutz sie sich dann in den Schlafsäcken „kuscheln" können.

Ein bißchen unheimlich ist so ein Erlebnis am Anfang immer. Darf es auch sein. Da raschelt etwas – war das eine Maus? Äste knacken. Ein Reh? Was bewegt sich hier an der Kiefer? Im Mondlicht, das durch die Zweige scheint, ein lebendes Band: Raupen des Kiefernprozessionsspinners, im „Gänsemarsch" am Baumstamm empor, hoch in den Wipfel auf der Suche nach ihrer Lieblingsspeise, Kiefernnadeln. In der Morgendämmerung krabbeln sie vollgefressen wieder zurück zu ihrem Nest und halten da ihr Verdauungsschläfchen. Das ist nur nachts zu erleben!

Bis weit nach Mitternacht werden viele unbekannte, schönschauerliche Geräusche die Nachtgesellschaft begleiten. Der Wind im Blätterdach, unbekannte Vogelstimmen, und vor allem der klagende Ruf des Waldkauzes wird wohl lange das Einschlafen verhindern. Aber nur zum Schlafen geht ja niemand in den Wald. Das sind Erlebnisse, die unvergessen bleiben. Da können Angst und Geborgenheit, Unsicherheit und Vertrauen und Stärke in der Gemeinschaft erfahren werden.

Waldzauber – Zauberwald.

Im November ist der Wald besonders verzaubert.

Da webt der Nebel dem Wald graue Schleierkleider, und alles ist wie verwandelt. Viele bunte Herbstblätter liegen auf dem Boden, doch der Nebel läßt nur gedeckte Farben zu. Braunlila Pilze, graugrünes Moos, alles ist ein bißchen feuchtgrau.

Kleine Nebelperlen legen sich aufs Gesicht, und die Luft riecht modrigwürzigfeucht, ein bißchen nach Maggi. Selbst die Geräusche sind gedämpft. Gespannt halten die Vögel den Atem an und schauen, was kleine Besucher hier wohl wollen. Und was können Kinder denn an so einem Novembertag im Wald wollen, statt gemütlich in der Wohnung zu sitzen? Etwa Waldgeister suchen? Ronja-Räubertochter-Wald erleben? Vielleicht auch mit dem Vergrößerungsglas auf Expedition gehen. Da braucht man nur die Rinde vom morschen Baumstumpf aufzuheben – da wimmelt es von wundersamen kleinen Lebewesen. Kleintierzoo im November. Außerdem gibt es da auch Moos für die Weihnachtskrippe zu sammeln. Wieviel verschiedene Moose hier wachsen: hohes, niedriges, feuchtes, festes. In dieser Zeit treffen wir auch auf die Baumpilze, die diese Spätherbstfeuchtigkeit besonders lieben. Unter der Lupe angeschaut, ist es wie ein Eintauchen in phantastische Landschaftsgebilde.

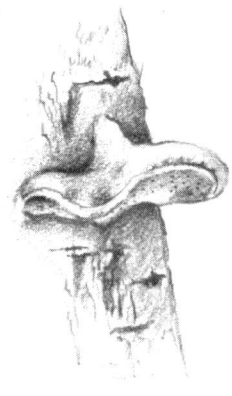

Ein Wald ist viel mehr als eine Ansammlung von Bäumen: eine riesige „Großfamilie" mit vielen „Verwandten" und „Freunden", die miteinander leben. Groß und klein, riesig und winzig, alt und jung, Tier und Pflanze, über und unter der Erde. Jedes Mitglied hat seine Aufgabe, und gemeinsam sorgen sie dafür, daß der Wald Wald bleibt. Alle wollen sie ans Licht, denn Licht ist Leben. Mit dem Sonnenlicht baut die Pflanze Nährstoffe auf, und die geben Kraft zum Wachsen. Dieses Sonnenlicht müssen sich alle Waldpflanzen teilen, und gerecht teilen ist nicht nur für Menschen schwierig. Die Kronen der höchsten Bäume bekommen am meisten Licht. Aber es gibt im Wald auch viele „Schattenpflanzen", Moose, Farne und Pilze. Die brauchen weniger Licht. Und es gibt Pflanzen, die einen besonderen Weg gefunden haben, um genügend Sonne zu bekommen: Sie sind sogenannte Frühblüher. Sie blühen auf, wenn die Frühlingssonne warm genug ist und die Bäume noch keine Blätter entwickelt haben. Wer im Frühjahr durch solche Laubwälder geht, sieht Buschwindröschen, Bärlauch oder Leberblümchen den Waldboden bedecken. Sie haben ihn in ein einziges Blütenmeer verwandelt, weil sie sich gut vorbereitet haben. Schon im Frühsommer haben sie begonnen,

Vorräte zu bilden und diese in Wurzeln, Knollen oder Zwiebeln ein-
zulagern. Dann können sie zur richtigen Zeit schnell starten, blühen
und fruchten, bevor das Blätterdach ihnen Licht wegnehmen kann.
Zwei, drei Monate später gibt es keine Blüten mehr, die Blätter sind
vergilbt. Man sieht sie erst im nächsten Frühling wieder, wenn die
Sonne sie wieder erreicht.

### Geräuschekarte

Man benötigt ein Stück Papier, einen Schreibstift und eine Sanduhr.
In der Zeit, in der die Sanduhr dreimal läuft, werden Informationen
zu den gehörten Geräuschen vermerkt: von wem, von woher, wie
laut usw. Das kann geschrieben oder gemalt sein. Interessant ist es,
eine Karte an einem nebligen Tag und eine nächste an einem sonnigen Tag zu gestalten – wer hat Unterschiede bemerkt?

### Waldgalerie

Hier wird nichts „gemacht" oder verändert, hier ist die Natur die
Künstlerin. Jedes Kind geht los und sucht sich ein „von der Natur
gegebenes Kunstwerk" aus, um das es nur noch den passenden Rahmen macht, zum Beispiel aus langen geraden Zweigen oder Gräsern.
Nachher gehen alle zusammen zur „Vernissage in der Waldgalerie".

### Walddetektiv

„Ich seh etwas, das du nicht siehst, und das ist ..." Beschrieben wird
ein markanter Baum, Strauch, Pilz, Farn usw. Eine möglichst genaue
Beschreibung des Gesuchten fördert nebenher das Kennenlernen.

### Zwergen- und Elfenland

Den kleinen Waldgeistern ein eigenes Reich erbauen, wer möchte
das nicht gerne? So schön wie es nur irgend möglich ist – damit sie
merken, es gibt Menschenkinder, die an sie glauben –, kann man
Bänke, Tische, Höhlen, Paläste, Hütten oder Häuser machen, ein
Spielland, eine Fahrgelegenheit, einen gedeckten Festplatz, ein Aus-
sichts- und ein Ruheplätzchen, ein Labyrinth und ein Gartenrestau-
rant, alles, was Kinder selbst schön finden. Und dann auch mal sehen, wie es nach ein paar Tagen aussieht. Ob sich etwas verändert
hat? Ob wohl jemand da war?

### Waldfreunde

Immer zwei Kinder suchen sich etwas Besonderes im Wald aus, jeweils zwei gleiche Dinge: Zapfen, Zweige, Federn, Erde, Steine,
Früchte, Moos usw. Das geben sie dann dem Spielleiter, ohne daß die
anderen es sehen. Jetzt stellen sich alle im Kreis auf mit dem Gesicht

### Blind führen

Dieses Spiel dient der sinnlichen Wahrnehmung. Es ist kein „Beginner-Spiel", sondern sollte in vertrauter Runde erfahren werden. Es werden Paare gebildet. Der ersten Hälfte werden die Augen verbunden, und je eines der „blinden" Kinder wird behutsam vom anderen geführt. Es darf dort Zweige spüren, hier das Moos, da an den Blättern riechen, dort die Rinde abtasten und sich zum Schluß unter einen Baum legen. Die Binde wird abgenommen, und nach einem Zauberwort darf es wieder die Augen öffnen. Jetzt schaut das Kind nach oben, den Stamm entlang und übers Blätterdach hinauf in den Himmel. Dies Gefühl von Weite und Geborgenheit dabei wird unvergessen bleiben. Genügend Zeit dafür einräumen. Das sind wunderbar intensive, wichtige, bleibende Eindrücke. Wer will, kann sehend den Weg zurücksuchen. Nach einem kurzen Austausch Wechsel.

### Waldgeist

Wer bei einem Spiel der Gewinner oder Verlierer war, darf von den anderen zum Waldgeist verkleidet werden. Wir verwenden dazu nur Sachen, die sich im Wald finden lassen, ohne daß etwas abgerissen werden muß. Da wird es viele Überraschungen geben, denn es ist erstaunlich, wie ohne fremde Hilfsmittel ein uriger Waldgeist entstehen kann. Natürlich wird ihm am Schluß ein Name gegeben.

### Menschenbild

Ein Kind legt sich auf den Boden des Waldes. Mit reichlich vorhandenem Material (Zweige, Gras, Stöcke, Blätter, Erde, Farn, Moos u.a.), das in der Nähe ist und sich optisch vom Untergrund abhebt, wird der Körperumriß gelegt, am Körper sehr dicht, nach außen hin immer lockerer. Mit Hilfe der anderen steht das Kind wieder auf – sein Menschenbild ist festgehalten! Wie sieht es wohl nach zwei Tagen, wie nach einer Woche, einem Monat aus?

### Unterschriften sammeln

Mit Papier und Wachsstiften durch die Gegend gehen und verschiedene Unterschriften durchpausen: Rinde, Blätter, Fraßgänge von

141

Tieren in Blättern oder Rinden, Farnkrautblätter usw. Diese „Unterschriften" können später zu allerlei gebraucht werden, seien es Geburtstagskärtchen, Briefkarten, Tagebücher, Jahreskalender oder zu einem Domino.

### Fühldetektiv

Jeder sammelt irgend etwas Kleines aus dem Wald und gibt es in den Hut. Daraus darf sich der Reihe nach jeder einen Gegenstand blind in die Hand nehmen, tasten, auch riechen. Dann beschreibt er diese „Sinneswahrnehmung" für die anderen. Die müssen jetzt im Wald solch einen Gegenstand suchen bzw. finden ...

### Phantombild

Jeder sucht sich einen kleinen interessanten Gegenstand und gibt ihn unter ein Tuch. Abwechselnd geht jeder ans Tuch, umfaßt irgendeinen Gegenstand, erfühlt diesen, ohne ihn sich anzusehen, legt ihn wieder zurück und zeichnet ihn. Wenn alle gezeichnet haben, werden die Bilder eingesammelt und bei Bedarf solange getauscht, bis jeder ein fremdes Bild in der Hand hat. Das ist das Phantombild, mit dessen Hilfe der Gegenstand nun unterm Tuch gefunden werden soll. Wer hat's gefunden? Wer war der Künstler?

### Baumschule

Ein Spielleiter verteilt jeweils zwei gleiche Zweige an die Kinder, deren Hände auf dem Rücken sind. Ohne zu schauen, betasten sie zuerst ihren eigenen Zweig und besuchen danach die Mitspieler: Rücken an Rücken wird fühlend der Zweig-Partner gesucht. Die zwei, die sich nun mit ihrem gleichen Zweig gefunden haben, suchen gemeinsam den Baum, von dem ihre Zweige sind. Nachher, in der Runde, wird der Baum beschrieben, und die anderen versuchen, ihn zu erraten. Zum Schluß findet eine kleine Baumschulenbegehung statt.

## 6.6. Das „Parfüm der Weißtanne"

Warmer Wind fährt den Baumkronen in den Blätterschopf und zaust an den Zweigen. Blätter, die sich bunt verfärbt haben, segeln gemächlich durch die Luft und landen weich auf der Erde. Blätterteppiche empfangen sie und bilden mit ihnen einen weichen Berg. Da jetzt hineinspringen! Kinderwünsche seit eh und je.

Winzigen Helikoptern gleich, schwirren und trudeln Samen im-

Wirbelflug dem Boden zu. Die Morgennebel haben sich aufgelöst und strahlendes Blau schmückt den Herbsthimmel. Die Sonne scheint schräg durch gelbe Blätter und taucht die Welt in goldenes Licht.

An solch einem Nachmittag im Spätherbst lohnt es sich, am Waldrand spazierenzugehen. Da lassen sich genügend schöne Dinge finden, um die Wohnung herbstlich zu schmücken. Zweige, Moos, bunte Herbstblätter, Flechten, Rinden, Beeren, Samen. Und vielleicht entdeckt jemand unter einer

alten Tanne kleine braune Flügelchen mit einer Verdickung an ihrem Ende, die aus einem Tannenzapfen herausgewirbelt sind. Mag sein, daß sich da ein Eichhörnchen an den Zapfen zu schaffen gemacht hatte, um an diese Tannensamen zu kommen. Da liegt sicher auch eine leere Zapfenspindel in der Nähe auf dem Boden, an dem das Eichhörnchen geknabbert hat. Wer ein paar dieser zarten Samenflügel aufhebt, solche braunen, dreieckigen Dinger, und an ihnen reibt und das „dicke Ende" zerdrückt, merkt, wie sie zu duften beginnen.

Ein Duft nach Zitrone und feinen Gewürzen, nach Orange mit Rose und ein bißchen nach Fichtennadelbad. Das „Weißtannenparfüm" tritt aus, wenn der Samenkern zerrieben wird. Er hinterläßt dabei einen feinen öligen Film auf den Fingerkuppen. Alle Duftpflanzen, auch unsere Tanne, enthalten ätherische Öle. Wir kennen sie von der Pfefferminze, der Zitronenmelisse oder der Rose. Ätherische Öle verfliegen sehr schnell, sie „verduften", aber sie sind für die

143

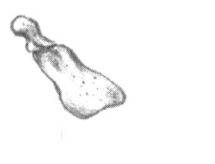

Pflanzen sehr wichtig. Sie sind Schutz und Abwehrstoff gegen zerstörerische Pilze oder fressende Insekten. Aber sie haben auch andererseits die Aufgabe, mit ihrem Duft bestimmte Insekten anzulocken, die die Blüten bestäuben sollen.

Auch die Duftstoffe im Tannensamen haben die Aufgabe, diesen vor Schimmelpilzen und Fäulnisbakterien zu schützen. Doch jetzt stellt sich die Frage, wie aus so einem kleinen „Parfümbehälter" ein großer Baum wird.

Im feuchten Boden, wenn es geregnet hat, platzt eines Tages der Samen auf, ein Würzelchen streckt sich daraus hervor und wächst in die Erde hinein. Ein kleiner Sproß schiebt den Samen der Sonne entgegen – jetzt sieht's aus wie ein Same am Stiel. Die Wurzel wächst immer kräftiger nach unten, der Sproß genauso kräftig nach oben und läßt den genauen Beobachter kleine Tannennädelchen entdecken. Eines Tages fällt die Samenschale ab. Diesen Schutz brauchen die kleinen hellgrünen Nadeln nun nicht mehr. Zart, weich und biegsam sind sie zu Beginn, und es ist kaum vorstellbar, daß daraus einmal ein Weihnachtsbaum oder gar eine riesige Tanne werden wird! Der Tannenkeimling, ein winziges Bäumchen, wächst jedes Jahr ein kleines Stück. Er treibt im Frühling an jedem Zweig neue hellgrüne „Tannensprossen", die Maitriebe, weiche hellgrüne Nädelchen, die im Laufe des Sommers dunkelgrüne harte Nadeln werden.

Diese „Maitriebe" mit ihrem zitronig-herben Duft enthalten sehr viel Vitamin C. Kleingeschnitten kann man so eine Sprosse als Würze dem Salat beimengen, aber auch einen heilsamen Hustensirup oder ein feines Waldgelee aus diesen Tannentrieben zubereiten. Doch wer Tannensprossen sammeln will, muß unbedingt beachten, daß er dazu die Erlaubnis des Försters braucht und darf die Triebe nur von unteren Zweigen nehmen, nie von der Spitze, sonst verkrüppelt der Baum!

Wenn ein Tannenbaum verletzt worden ist, „blutet" er. Heraus quillt ein zäher, klebriger, aber sehr wohlriechender Saft, das Harz. Damit will der Baum seine Wunde wieder verschließen. Dieser Wundverschluß ist keimtötend und hilft auch uns Menschen bei Verletzungen. Wer zum Beispiel einen Spreißel hat, der kann ein bißchen Harz darüber streichen und das Ganze mit einem Pflaster abdecken: Das Harz „zieht" den Spreißel heraus, und die Wunde entzündet sich nicht. Früher hat man Tannenharz auch zu Rheumaoder Wundheilsalben verarbeitet. Das ist die „Baum-Apotheke" der Tanne.

Diese Harztropfen können viele Millionen Jahre alt werden: Bernstein, der aus alten vorsintflutlichen Wäldern stammt, golden schimmernde „Edelsteine", die sehr kostbar sind. In diesen durchsichtigen, hartgewordenen, uralten Harztropfen finden sich oft sogar kleine Tiere, Ameisen oder Käfer, die damals vom tropfenden Harz eingeschlossen und für ewig konserviert wurden. Wenn Kinder jetzt aufmerksam eine Bernsteinkette ansehen, dann wissen sie, das ist Millionen Jahre altes Harz von Nadelbäumen. Bernstein wird häufig an – meist nördlichen – Meeresküsten angeschwemmt, bei uns zum Beispiel an der Ostsee, und stammt aus uralten Wäldern, die vor langer Zeit im Meer versunken sind.

### Hustensirup
Die Tannensprossen werden immer abwechselnd mit flüssigem Honig in ein Glas geschichtet. Ist es voll, muß es vier Wochen stehen bleiben, bis es abgeseiht werden kann – und fertig ist der zähe, heilsame und köstlich schmeckende Baum-Hustensaft.

### Beruhigendes Schlafkissen
Ein mit getrockneten Nadeln gefülltes Kissen auf das Kopfkissen legen. Gut auch bei Erkältungskrankheiten.

### Tannen- oder Fichtenbad
Zum Entspannen, Beruhigen, Nerven stärken: 150 g Nadeln in 1 l Wasser abkochen, abseihen und dem Badewasser zugeben.

### Waldgelee
Eine Handvoll Sprossen mit einer in Scheiben geschnittenen ungespritzten Zitrone und Wasser gut bedecken und kurz aufkochen lassen. 20 Minuten ziehen lassen, dann absieben. Die Wassermenge abmessen, mit der entsprechenden Menge Gelierzucker vermengen und nach Vorschrift weiter zubereiten. In Gläser abgefüllt, ist das Gelee schnell fertig.

### Tanne oder Fichte?

### Die Tanne
Bis zu 600 Jahre alt kann eine Tanne werden, ließe man sie wachsen. Mit ihrer tiefen Pfahlwurzel verankert sie sich fest im Erdreich und ist gegen Stürme und Unwetter geschützt. Die Rinde ist weißlich-grau, weshalb sie auch Weißtanne genannt wird.

Die Äste gehen – im Unterschied zur Fichte – gerade vom Stamm ab, und auch die 2–4 cm langen Nadeln stehen nach zwei Seiten vom Zweig ab. Sie sind auf der Oberseite glänzend grün, an der Unterseite sieht man zwei bläulich-weiße Längsstreifen. Erst nach 8–11 Jahren gibt es neue Nadeln. Erst mit 30 Jahren beginnt die Tanne zu blühen und zu fruchten. Ihre Blüten sitzen fast nur oben in der Krone, so daß es kaum möglich ist, sie zu beobachten: Goldfarbene ovale „männliche" Blütenbüschel hängen wie Kätzchen herunter, die weiblichen Blüten sitzen ein wenig tiefer, aufrecht, hellgrün, wie ein längliches Stachelei. Nach der Windbefruchtung wird daraus der Tannenzapfen, der aufrecht steht und ca. 10–15 cm lang ist. Unter den Schuppen sind die Samen gut geschützt mit kleinen Flügelchen behaftet, damit der Wind sie forttragen kann. Im Herbst fallen die äußeren Schuppen ab, die Samen werden vom Wind weggeweht, und übrig bleibt die Zapfenspindel, die aufrecht steht wie die Kerzen auf dem Tannenbaum.

### Die Fichte

Die Fichte wird „nur" 500 Jahre alt, wenn sie nicht, wie in der heutigen Monokultur meist üblich, vorher gefällt wird. Fichten haben flaches Wurzelwerk und sind bei Sturm recht schnell entwurzelt. Häufig kann man im Wald so einen ganzen Wurzelteller sehen. Die Rinde der Fichte, die auch Rottanne genannt wird, ist rötlich. Ihre Äste stehen in einem geschwungenen Bogen vom Stamm ab, und ihre Seitentriebe hängen herunter wie Wäsche von der Leine. Die 1–2 cm langen Nädelchen laufen spitz zu und sind rings um die Ästchen angeordnet. Ober- und Unterseite sind ringsum gleich. Die karminroten Blüten stehen zu Beginn aufrecht, doch nach einigen Wochen drehen sie sich um und hängen als braune Zapfen nach unten. Fichtenzapfen hängen im Gegensatz zur Weißtanne auch an den unteren herabhängenden Zweigen. Sie fallen als ganze Zapfen herunter, worüber sich natürlich Mäuse, Eichhörnchen und Spechte freuen. Als die Fichte noch in ihrem natürlichen Umfeld, einem Mischwald, hatte langsam wachsen dürfen, besuchten Instrumentenbauer besonders schöne große Fichten. Sie klopften behutsam an die Stämme und horchten auf ihren Klang. Gefiel ihnen einer besonders gut, ließen sie diesen Baum fällen. Einer dieser Handwerker hieß Stradivari. Er war einer der berühmtesten Geigenbauer, der persönlich in den Wald gezogen war, um das Klangholz für seine Geigen auszusuchen. Wunderbar tönende, kostbare Geigen wurden daraus hergestellt.

## 6.7. Tiere unter Steinen

*Julia ist heute besonders neugierig. Seit einer Weile schon beobachtet sie eine Ameise. Die ist zuerst über den Asphalt gelaufen, dann über den Steinrand des Blumenbeets geklettert und über die dunkle Erde gekrabbelt. Auch im Gras ist die Ameise noch zu sehen. Sie kommt zwar jetzt nicht mehr so schnell voran, aber Julia kann ihren Weg noch verfolgen. Bis der kleine Krabbler an einem großen Stein ankommt. Plötzlich ist sie nicht mehr da. Nanu, fragt sich Julia verwundert, wo ist sie denn hin? Ist die Ameise unter einen Stein gekrabbelt? Wird sie da nicht plattgedrückt? Julia wälzt den schweren Stein beiseite.*

*Jetzt staunt sie! Es wuselt und krabbelt. Hier sind viele Ameisen, aber nicht nur die, sondern ganz viele verschiedene Krabbeltiere. Einige Tiere leben tagsüber im Verborgenen: unter Steinen, im Laubstreu und in Erdlöchern. Sie alle mögen es feucht, dunkel und kühl. Die meisten Tiere, die sie sieht, haben viele Beine. Alles Tausendfüßler? Julia will es jetzt ganz genau wissen: Schnell läuft sie ins Haus und holt Hilfe. Die Mutter bringt ein Tierbuch mit, und beide vergleichen gespannt die Zeichnungen mit den gefundenen Krabblern.*

**Infos**   Wer auch mal unter den Steinen nachschauen will, muß daran denken, daß der Stein danach wieder genauso hingelegt wird, wie er vorher lag. Viele der unten beschriebenen Tiere findet man nicht nur unter den Steinen, sondern auch im Laubstreu oder im Komposthaufen.

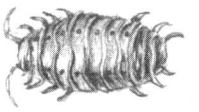

### Assel
Wer hätte gedacht, daß Asseln zu den Krebsen gehören? Deshalb haben sie es auch gerne etwas feuchter. Sie ernähren sich von zerfallenden Pflanzen.

### Regenwurm
Der ist auch unter Steinen zu finden. Er ist ein wichtiger Humusbereiter. Unter den Steinen kann man die glänzenden Schleimröhren, die ihre Gänge auskleiden, gut erkennen.

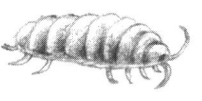

### Rollassel
Wenn sie läuft, sieht sie ihren anderen Asselverwandten sehr ähnlich. Bei Gefahr kann sie sich aber einrollen und sieht dann wie ein kleines Kügelchen aus.

147

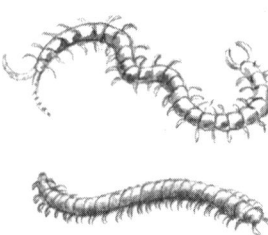

### Erdläufer

Man findet sie sehr häufig unter Steinen. Sie ernähren sich von Regenwürmern und anderen kleinen Bodenwürmern. Auf der Unterseite sind zahlreiche Giftdrüsen.

### Schnurfüßer

Sie werden bei uns bis zu 6 cm lang. Weltweit gibt es aber Arten, die 30 cm lang werden können. Schnurfüßer sind Pflanzenfresser.

### Nacktschnecken

Manche Arten kriechen nur nachts hervor oder bei Regenwetter. Da sie vor allem junge Pflanzen fressen, mögen Gärtner sie nicht besonders.

### Steinkriecher

Sie sind sehr schnell und werden etwa 4 cm lang. Ihre Beute finden sie mit den Fühlern.

### Ohrwürmer

Über Tag lieben sie die dunklen Ecken. Nachts werden sie putzmunter und kommen hervor. Sie ernähren sich z.B. von Blattläusen und abgefallenen Pflanzenresten. Ohrwürmer betreiben Brutpflege. Das Weibchen bewacht die Eier.

### Ameisen

Gibt es nicht nur im Wald. Es gibt auch Arten, die ihre Nester unter Steinen bauen und sich in der Nähe von Häusern aufhalten. Sie sind kleiner als die Waldameisen.

## 6.8. Wetterfrösche unterwegs

*Jonas und Simon gehen mit ihren Eltern wandern. Es ist schönes, aber etwas windiges Herbstwetter. Die bunten Blätter werden tüchtig durcheinandergewirbelt und die dünnen Zweige umgebogen. „Kommt, ich erzähl euch jetzt was über das Wetter, während wir durch den Wind wandern", sagt Simons Vater. Das finden Jonas und Simon auch gut. Seit beide eine kleine Wetterstation am Fenster haben, ist für sie alles spannend, was mit Wetter zu tun hat.*

*„Wißt ihr eigentlich, wie wichtig der Wind für das Wetter ist? Er bringt alles in Bewegung. Die Luft, die unsere Erde umgibt, steht fast nie still. Sie selbst können wir aber gar nicht wahrnehmen: Sie ist un-*

*sichtbar. Erst wenn Gegenstände, wie zum Beispiel die Blätter oder die Äste hier, bewegt werden, können wir sie sehen. Aber wie kommt die Bewegung in die Luft, was ist da für eine unsichtbare Kraft? Wenn ihr einen Luftballon aufpustet und die Luft herauszischen laßt, habt ihr selbst Wind hergestellt, indem ihr zuerst den Luftdruck im Inneren des Luftballons erhöht habt. Da die Luft immer aus Gebieten mit hohem Luftdruck in Gebiete mit niedrigem Luftdruck fließt, strömt die Luft wieder aus dem Ballon heraus, wenn ihr die Öffnung freigebt. Je größer der Druckunterschied, desto schneller weht der Wind."*

*Jonas und Simon sind beeindruckt. „Schau mal, wie schnell die Wolken am Himmel wandern, der Wind ist heute aber wirklich ganz schön kräftig", sagt Jonas. „Aber woraus bestehen die Wolken eigentlich?" „Wolken bestehen aus winzigen Wassertröpfchen oder Eiskristallen. Je dicker eine Wolke ist, umso dunkler erscheint sie uns, denn dicke Wolken lassen nur wenig Sonnenschein durch. Es gibt verschiedene Wolkenformen, die nach ihrem Aussehen Haufenwolken, Schichtwolken oder Schleierwolken genannt werden. Niederschlag, also Regen, Schnee und Hagel, entsteht in erster Linie aus Eiskristallen. Wenn die Eiskörnchen in den Wolken zu schwer werden, fallen sie auf die Erde. Ist die Lufttemperatur hoch, entstehen Regentropfen – also: Jeder Regentropfen ist aus einem Eiskristall entstanden. Ist es dagegen frostig kalt, dann schneit es. Wenn es sehr kalt ist, sind die Schneeflocken klein. Wenn es etwas wärmer ist, also nur knapp unter dem Gefrierpunkt, sind die Schneeflocken groß.*

*Hagel entsteht, wenn die Eiskristalle in der Wolke tüchtig herumgewirbelt werden. Dabei lagern sie immer mehr Eisschichten an: Wenn ihr ein dickes Hagelkorn durchschneidet, seht ihr diese schichten wie Baumringe. Irgendwann kann selbst der stärkste Wirbel das Hagelkorn nicht mehr in der Wolke halten, und es fällt auf die Erde. Hagelkörner können größer werden als eine Faust, so etwas sehen wir hier aber zum Glück nur ganz selten."*

*„Die weißen Wolken heute sind dann ja ganz harmlos", meint Simon, „sie sehen nicht so aus, als ob es hageln oder auch nur regnen würde." „Da hast du recht", meint Simons Vater. „Durch solche Wolken könnte man gefahrlos hindurchlaufen.*

*Wahrscheinlich habt ihr das sogar schon einmal getan, denn Nebel ist eigentlich eine Wolke, die dicht über dem Boden hängt. Bei Nebel ist die Sicht schlecht, ab einer Sicht unter einem Kilometer spricht man von Nebel. Wenn ihr im kühlen Badezimmer heiß duscht, habt ihr eine schöne Nebelwolke selbst gemacht. Auch Nebel kann uns zeigen, wie das Wetter wird: Steigender Morgennebel bringt schlechtes Wetter, fallender Morgennebel bringt gutes Wetter.*

149

*Gewitter entstehen, wenn feuchte Luft sehr schnell in die Höhe schießt: Dadurch laden sich die Wolken elektrisch auf.*

*Irgendwann springt dann ein Funke auf andere Wolken oder den Erdboden über: Es blitzt! Durch den Blitz wird die Luft sehr stark erhitzt, sie dehnt sich ‚blitzschnell' aus und durchstößt dabei die Schallmauer: Es donnert! wenn ihr bei einem Gewitter draußen unterwegs seid, ist es gut zu wissen, wie weit das Gewitter entfernt ist. Außerdem müßt ihr wissen, ob es näher kommt oder weiter weg zieht. Um zu bestimmen, wie weit das Gewitter entfernt ist, werden die Sekunden gezählt, die zwischen Blitz und Donner verstreichen. Die Anzahl wird mal drei genommen, das ergibt die Entfernung in Kilometern. Wenn die Abstände zwischen Blitz und Donner kürzer werden, kommt das Gewitter immer noch näher, vergrößern sich die Abstände, entfernt es sich.*

Verhalten bei Gewitter

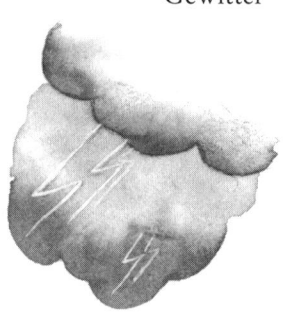

*Was tun, wenn es blitzt und donnert? Der Blitz versucht, auf dem kürzesten Weg den Erdboden zu erreichen. In einem baumlosen Gelände dürft ihr euch deshalb nicht flach auf den Boden legen, sondern ihr müßt in Hockstellung gehen. Ihr dürft euch nie unter einzelne Bäume stellen. Wichtig ist auch, daß ihr nicht ins Wasser geht. Ihr dürft euch auch nicht in der Nähe elektrischer Leitungen und unter Leitungsmasten aufhalten. In Häusern und Autos mit geschlossenen Fenstern ist man vor Blitzen auf jeden Fall sicher."*

*Jonas und Simon sind beruhigt. Jetzt wissen sie, was sie beim nächsten Gewitter tun können, und haben noch einiges über Wind und Wetter erfahren.*

## 6.9. Ein Picknick im Freien

Immer ein Abenteuer mit Kindern. Wer sich zudem mit Wildpflanzen auskennt, hat vielleicht Lust, das sommerliche Picknick mit Zutaten aus der Natur zu ergänzen. Natürlich werden dazu nur einwandfrei saubere, gesunde Blätter und Blüten verwendet, nach Möglichkeit gewaschen. In Gebieten, in denen der Fuchsbandwurm vorkommt, sollten die Wildkräuter nur gekocht verwendet werden.
Ein Wort zuvor zur „Naturküche":
Wildkräuter sind intensiver im Geschmack, um ein vieles reicher an Aromastoffen, Vitaminen und Spurenelementen und oft mit mehr heilsamen Bitterstoffen versehen, als unserem zivilisierten Gaumen lieb sein mag. Damit die „wilde Küche" auch gerade für Kinder ein ungetrübter Genuß werden kann, sollten ein paar mildernde Zutaten stets dabei sein: Kartoffeln binden, machen sämig und gleichen Ge-

schmacksstoffe aus, ohne den Eigengeschmack zu übertönen. Sämtliche Milchprodukte (also auch Käse, Joghurt, Sauermilch) sind sehr geeignet, um individuell dosiert geschmacksausgleichend zu wirken. Ebenso Eier, roh legiert oder hartgekocht und kleingewürfelt, oder Nüsse, Brotwürfelchen, Apfelstücke oder Maiskörner.

Menue  Für ein Feld-, Wald- und Wiesenmenue könnte die Speisekarte folgendermaßen aussehen:

Zur Vorspeise Feld-Wald-Wiesen-Salat oder Apfel-Spitzwegerichsalat, danach Gänseblümchentoast oder Blütenbrot. Am Abend, wenn das Feuer lodert, gibt es Wiesenquark mit Feuerkartoffeln. Als Getränk wird die mit Wildpflanzen aromatisierte Kräuterbowle gereicht oder ein „Wiesentee" angeboten.

### Feld-Wald-Wiesensalat

Zwei Handvoll Blätter von Gänseblümchen, Löwenzahn, Sauerampfer, Bärlauch und Huflattich werden sauber gewaschen und fein geschnitten. Mit einem Dressing aus Sonnenblumenöl, Zitronensaft, Pfeffer und Salz übergießen und eine halbe Stunde ziehen lassen. Wer es mild haben möchte, gibt etwas Sahne, Joghurt oder Sauerrahm hinzu. Dazu passen gut Maiskörner, Käsewürfelchen, kleingehackte Eier, Kartoffel- oder Apfelstückchen oder Sonnenblumenkerne. Diese Zutaten mildern den ungewohnten, etwas herben Geschmack.

### Apfel-Spitzwegerichsalat

Eine Köstlichkeit im Frühling mit den zarten Spitzwegerichblättern. Pro Person einen Apfel mit dem Gurkenhobel schneiden und je eine Handvoll kleingeschnittenen Wegerich dazugeben. Mit genügend Zitronensaft beträufeln. Jetzt ein Dressing aus Joghurt, Sauerrahm, Honig und etwas Salz zubereiten. Darübergießen und mit Walnußstückchen bestreuen. Wer möchte, gibt noch einige Blütenköpfchen oder Samenstände des Spitzwegerichs darüber – sie schmecken wie rohe Champignons.

### Gänseblümchentoast

Eine knappe Handvoll Blüten und Blätter des Gänseblümchens kleinschneiden. 70 g Doppelrahmfrischkäse mit etwas Milch und einem Teelöffel Zitronensaft verrühren. Eine zerdrückte Knoblauchzehe, die geschnittenen Gänseblümchen, Salz und eine Prise Zucker unterheben und getoastetes Brot (am Lagerfeuer auf heißen Steinen oder am Stock aufgespießt und überm Feuer geröstet) damit bestreichen. Mit Blüten hübsch garnieren.

### Blütenbrot

Die Blüten vieler Pflanzen sind eßbar und enthalten wertvolle Inhaltsstoffe, die in anderen Pflanzenteilen nicht vorkommen. Natürlich sind Blüten nicht dazu da, unseren Hunger zu stillen. Doch ist so ein Blütenbrot mehr als etwas Besonderes: Es ist eine bunte „Gesundheitsbombe" und, wenn es entsprechend hübsch belegt wird, ein Augenschmaus. Damit die wertvollsten Bestandteile – Nektar und Blütenstaub – nicht herausgeschwemmt werden, sollten Blüten nicht gewaschen und natürlich nur roh gegessen werden. Dafür aber lohnt sich ein kleiner Blick ins Innere der Blüte, damit wir nicht andere Blütenliebhaber wie kleine Insekten mitverspeisen.

Es ist ganz einfach: Die Brote buttern und mit den Blüten belegen.

## Diese Blüten sind eßbar

Bärlauch, Dost, Frauenmantel, Gänseblümchen, Giersch, Gundermann, Holunder, Huflattich, Klatschmohn (nur die Blütenblätter), Klee (ausgezupft), Knoblauchsrauke, Königskerze, Lauch, Lindenblüte, Löwenzahn (die ausgezupften Blütenblätter), Löwenzahnknospen (eine absolute Delikatesse!), Malve, Majoran, Melisse, Minze, Nachtkerze, Nelkenwurz, Odermennig, Pastinake, Quendel, Rose, Ringelblume, Sauerklee, Spitzwegerich, Taubnessel, Thymian, Veilchen, Vogelmiere, Wegerich (Blütenknospen), Wiesenschaumkraut (eine köstliche milde, kresseartige Schärfe).

## Wiesenquark mit Feuerkartoffeln

Dies Rezept eignet sich gut für die Lagerfeuerromantik. Während die Kartoffeln im Feuer langsam gar werden (eingehüllt in große Ampferblätter statt Aluminiumfolie), wird der Quark, der ruhig schon zu Hause vorbereitet wurde, mit wilden Kräutern gewürzt. Da passen die Blätter folgender Pflanzen hinein: Bärlauch, Löwenzahn, Klee, Giersch, Knoblauchsrauke, Gänseblümchen, Wegerich, Minze, Taubnessel, die oberen Triebteile von Vogelmiere, Thymian und Majoran und natürlich auch eßbare Blüten.

## Kräuterbowle

Man kann als Grundlage frischen Apfelsaft verwenden (vgl. Kapitel 3.10. Kräuterbowle), in den ein Sträußchen aus aromatischen, frischen Wiesenkräutern gehängt wird. Dazu eignen sich: Minze, Majoran, Thymian, Gundermann, Giersch und Holunderblüten. Waldmeister oder Honigklee entfalten ihr Aroma erst, wenn sie etwas angetrocknet sind, und sie dürfen nur etwa 20 Minuten lang den Saft aromatisieren. Das darin enthaltene Cumarin könnte sonst Kopfschmerzen verursachen. Nach zwei Stunden das Sträußchen entfernen und Mineralwasser und Zitronensaft dazugeben.

## Wiesentee

Einen Tee können wir aus fast allen eßbaren Wildkräutern und -früchten zubereiten. Man sollte dabei auf eine ausgewogene Mischung achten und nicht zu viele herbe, bittere Kräuter in den Krug füllen. Mild und wohlschmeckend wird der Tee mit einigen Blütenzugaben, süßlich mit Rotkleeblüten oder Wildbeeren. Die Teekräuter mit kochendem Wasser übergießen und 10 Minuten ziehen lassen.

**Diese Kräuter eignen sich für den Wiesentee**

**Blätter**
Birke, Buche, Brennessel, Breitwegerich, Brombeere, Gundermann, Himbeere, Hirtentäschel, Huflattich, Klee, Linde, Löwenzahn, Majoran, Malve, Minze, Odermennig, Schafgarbe, Spitzwegerich, Stiefmütterchen, Thymian, Vogelmiere, Walderdbeere, Wegwarte, Weißdorn.

**Blütenblätter**
Ackerstiefmütterchen, Heckenrose, Holunder, Kamille, Klee, Lindenblüte, Malve, Taubnessel, Schafgarbe, Schlehe, Sonnenblume, Veilchen, Wegwarte, Weißdorn.

**Früchte**
Apfel, Birne, Brombeere, Hagebutte, Heidelbeere, Himbeere, Holunder (nur gekocht!), Erdbeere, Schlehe, Walderdbeere, Weißdorn.

## 6.10. Staunen

*„Beeil dich doch bitte, Anna. Alle anderen warten schon auf dich."*
*So geht das bei jedem Spaziergang! Ob bei den Kindergartenausflügen, ob beim Wandern mit der Familie: Anna ist immer die letzte. Aber Anna ist jetzt gerade mit ihren Ohren ganz woanders: Die Spatzen tschilpen so lustig. Was sie sich wohl untereinander erzählen? Da kommt ein Spatz mit einem großen Fetzen im Schnabel. Unglaublich! Damit kann er sogar fliegen. Und wohin? Ach so, unter die Dachziegel. Jetzt kommt das Spatzenweibchen heraus, um Platz für den gerade gekommenen Nestbauer zu machen. Wie lange wird es wohl dauern, bis ich die kleinen Spatzen zu sehen bekomme?*
*Oje – die anderen Kinder sind ja schon am Waldrand angekommen, jetzt muß ich aber laufen. Ganz außer Atem kommt sie bei Frau Kehrer und den Kindern an. Frau Kehrer schüttelt den Kopf: „Anna, du bist eine Trödelliese – etwas schneller, bitte!" Anna seufzt. Überall gibt es so viel zu entdecken – so rasch kann man gar nicht schauen. Alle Kinder gehen nun zusammen in den Wald. Anna schaut hoch. Das Sonnenlicht scheint durch das große, grüne Blätterdach. Sooo viele Blätter – wieviele gibt es wohl davon in einem Wald? Alle Blätter an einem Baum sehen gleich aus. Die Eiche dort hat gewellte Blätter – die erkenn ich sofort. Der kleine Ahorn drüben ist genauso groß wie ich, er ist mit gezackten Blättern behängt. Fünf*

*Spitzen hat jedes Blatt. Es sieht dadurch aus wie meine Hand, mit fünf Fingern. Anna merkt nicht, daß die anderen Kinder schon wieder weit vorn sind. Sie schaut sich alles genau an. Bei einer Buche bleibt sie stehen. Ja – sowas habe ich ja noch nie gesehen. Da hängt ein Buchenblatt mit zwei Spitzen – alle anderen haben nur eine Spitze! Sie nimmt das Blatt in die Hand und wundert sich: ein zusammengewachsenes Blatt. Aufgeregt läuft sie zu Frau Kehrer, die ihr gerade entgegenkommt um sie zu holen. Als Frau Kehrer das Blatt sieht, muß sie lachen: Wir waren zwar schneller, aber keiner von uns hat dieses wunderbare Blatt gesehen. Wer langsam geht, sieht auch viel!*

## 6.11. Wenn wilde Früchte locken – Vorsicht, Giftpflanzen!

*Wie lieblich duftet uns im März der Seidelbast!*
*Doch innerwärts ist er voll Gift und Galle,*
*weil wir, in diesem Falle,*
*das Wunder nur beschauen sollen.*
*(Man muß nicht alles kauen wollen).*

*Heinrich Waggerl, „Heiteres Herbarium"*

Ohne Pflanzen gäbe es gar nichts auf unserer Welt. Uns Menschen nicht und auch keine Tiere, denn wir hätten alle keine Luft zum atmen. Wir brauchen einander, Mensch, Tier und Pflanze. Wir alle sind Teil einer Nahrungskette, da heißt es essen – und gegessen werden. Doch wer will schon gerne gefressen werden? So haben viele Lebewesen eine Möglichkeit gefunden, sich zu schützen: Tiere können Stacheln tragen wie ein Igel oder zischen wie eine Schlange, überriechende Flüssigkeiten ausscheiden wie der Marienkäfer oder sich blitzschnell verstecken wie die kleine Maus. Auch Pflanzen können sich schützen. Sie stechen und kratzen mit Dornen oder Stacheln, sie haben eine feste, lederne Haut, in die niemand hineinbeißen mag, sie riechen ekelhaft, oder sie tragen eine warnende Signalfarbe. Gerade das sind oft Pflanzen, die besonders giftig sind. Solche Giftpflanzen können die Haut reizen oder Übelkeit auslösen oder sogar tödlich wirken. Aber viele Pflanzen mit giftigen Inhaltsstoffen sind gleichzeitig Heilpflanzen. Pur gegessen oder auf die Haut gebracht, haben Giftpflanzen verheerende Folgen. Aber von kundiger Hand in der richtigen Dosierung zum Medikament verarbeitet, sind sie wichtig und heilsam. Wer weiß, welche Pflanzen giftig sind, wird sie niemals aus Versehen essen und wird auch Kinder davor warnen können.

Kinder sind neugierig und probieren gerne vieles aus. Kleinere Kinder erproben die Dinge mit dem Mund, und oft ist ihr Geschmackssinn noch nicht so differenziert. So sind Kinder stärker als Erwachsene der Vergiftungsgefahr ausgesetzt.

Auf Wanderungen und Spaziergängen, am Wasser, in Wiesen oder im Wald, an Spiel- und Sportplätzen, in Schulhöfen und Freibädern, im Garten und in unseren Wohnräumen – überall begegnen uns solche Pflanzen. Besonders von ihren giftigen Beeren, die oft leuchtend bunt sind, werden Kinder angelockt. So ist es wichtig, sich wieder etwas von dem verlorengegangenen Wissen anzueignen und einiges über eßbare und geschützte, über giftige und nicht giftige Pflanzen zu lernen. Immerhin hat jede zehnte Pflanze in Europa irgendein „Gift" in sich.

Das gilt auch für die große Pflanze mit den schönen schwarzen Kirschen, die in der Sonne glänzen! Das ist jedoch keine normale Kirsche, das ist die Tollkirsche! Sie kann tödlich giftig sein! Wer genau hinschaut, bemerkt: So sieht kein Kirschbaum aus, das ist eine stattliche Staude. Die sogenannte „Kirsche" sitzt direkt am glockenartig breiten Kelch, darunter erst sitzt der Stiel, und nicht einmal einen Kern hat diese falsche Kirsche!

Eine Begegnung mit der Tollkirsche *(Atropa bella-donna)*. könnte ins Auge gehen. Das ist fast wörtlich gemeint. Gegessen sind schon ein paar (der süß schmeckenden Beeren) tödlich. Aber die Tollkirsche, in der richtigen Dosierung zum Medikament verarbeitet und als Augentropfen verabreicht, macht die Pupillen groß, so daß der Augenarzt das Auge untersuchen kann. Mit so einer großen Pupille sieht man für eine Weile nicht mehr gut, aber man sieht gut aus. Große, leuchtende Augen haben die Frauen im Mittelalter sich mit solchen Augentropfen gemacht und sich außerdem mit dem roten Beerensaft geschminkt, was der Pflanze den Namen „bella donna = schöne Frau" einbrachte.

### Nachtschattengewächse
Die Tollkirsche *(Atropa belladonna)* gehört zur größten „Giftpflanzenfamilie" in unseren Breiten, den Nachtschattengewächsen. Dazu gehören mit ähnlich stark giftiger Wirkung das Bilsenkraut *(Hyoscyamus niger)*, das ab und zu auf Schutthalden zu finden ist, und der Stechapfel *(Datura stramonium)*, dessen großblütige Züchtung *(Datura candida)* oder *(-suaveolens)* immer häufiger in Gärten und Parks oder als Topfpflanze mit dem Namen „Engelstrompete" zu finden ist.

Die Judenkirsche *(Physalis alkekengi),* auch Lampionblume genannt, ist ein Nachtschattengewächs, dessen orangerot aufgeblasener Kelch sich für uns als beliebter Zimmerschmuck zeigt. Hier ist besonders die Wurzel giftig, die Beere dagegen ist vitaminreich und eßbar. Aber Vorsicht: Bis auf die Frucht enthalten alle äußeren Teile (also auch der orangerote Kelchmantel) giftige Drüsenhaare.

Die Kartoffel *(Solanum tuberosum),* Tomate *(Lycopersicon lycopersicum)* und Aubergine *(Solanum melongena)* sind ebenfalls bekannte Nachtschattengewächse. Ihr Inhaltsstoff Solanin heißt übersetzt „Trost, Beruhigung". Medizinisch eingesetzt wirken diese Stoffe schmerzstillend und einschläfernd. Bekannt bei der Kartoffel ist, daß nicht die Früchte, sondern die Erdknollen der eßbare Teil sind. Hier ist der Solaninanteil verschwindend gering. Er steigt allerdings in den Kartoffelkeimen und in grünen, unreifen Kartoffeln in den giftigen Bereich hinein. Auch Tomaten dürfen nur in reifem Zustand gegessen werden, sonst ist der Solaningehalt zu hoch. Bei grüneingelegten Tomaten löst sich der Solaningehalt in der Lake auf, die deshalb auf keinen Fall getrunken werden darf.

Bei uns kommen zwei Arten von Nachtschattengewächsen häufig wild vor: der bittersüße Nachtschatten *(Solanum dulcamara),* ein Halbstrauch mit lila-gelben Blüten und erbsengroßen, tomatenroten hübschen Beeren, der in der Heilkunde bei Hautleiden Verwendung findet, und der schwarze Nachtschatten *(Solanum nigrum),* eine als einjähriges „Un"kraut bekannte Pflanze. Seine weißen Blüten und die kleinen, erst grünen, später schwarzen Beeren sind im Aussehen der Tomate sehr ähnlich. Giftig sind sie beide.

Die Tabakpflanze *(Nicotiana tabacum)* mit ihrem hohen Wuchs und dekorativen, langen, glockig-trichterförmigen Blüten besitzt als spezielles Nachtschattengift das bekannte Nikotin. Wegen ihres auffallend schönen Aussehens gibt es immer mehr Zuchtformen in heimischen Gärten. Bis auf den winzig kleinen Samen enthalten alle Pflanzenteile das giftige Nikotin. Vorsicht, Tabak ist stark giftig!

### Hahnenfußgewächse

Alle Pflanzen dieser Gruppe enthalten hautreizende Giftstoffe. Manche von ihnen sind häufig in unseren Wäldern und auf Wiesen anzutreffen und recht bekannt, andere sind seltene oder geschützte Pflanzen. Zu dieser Familie gehören:

Buschwindröschen, Küchenschelle, Leberblümchen, „Butterblumen", Waldrebe (auch die Clematis-Zuchtformen), Christrose, Nieswurz, Akelei, Trollblume, Winterling, Adonisröschen, Rittersporn, Sumpfdotterblume und Christophskraut. Vorsicht also beim Blumenstraußpflücken in Wäldern, Wiesen und Gärten. Danach unbedingt die Hände waschen! Der Eisenhut *(Aconitum napellus)* aus dieser Familie aber ist eine der giftigsten Pflanzen überhaupt, schon bei Berührung kann sein Gift durch die unverletzte Haut eindringen! Das sollte jedes Kind wissen, in dessen Garten Eisenhut wächst. Die wunderbaren stahlblauen Blüten dieser großen Staudenpflanze sehen aus, als hätten sie einen „Hut" in Form der früheren Eisenhelme der Ritter. In der Homöopathie wird der Eisenhut übrigens, in stärkster Verdünnung und in homöopathischer Potenz, zum Beispiel bei Erkältungskrankheiten und Neuralgien eingesetzt.

### Rachenblütlerfamilie

Der Fingerhut *(Digitalis)* wächst wild an Waldrändern und Lichtungen in Mittelgebirgen; in Gärten werden wunderschöne Zierformen angebaut. Wer den Finger in die Blüte steckt, weiß, woher die Pflanze ihren Namen hat. Wie angepaßt sitzt der Blütenhut darauf. Nicht in den Mund nehmen, Fingerhut ist sehr giftig. Und doch ist Fingerhut eine wichtige Heilpflanze. Sorgsam dosiert, hilft sie herzkranken Menschen.

Auch der Wachtelweizen *(Melampyrium)* und der Klappertopf *(Rhinantus)*, gehören zu den Rachenblütlern und enthalten giftige Inhaltsstoffe. Der hübsche Waldwachtelweizen in unseren Wäldern und der gelbe Klappertopf auf den Wiesen sind recht häufig. Die Kapseln des Klappertopfs geben klappernd ihrem Namen alle Ehre. *„Was hat der Klappertopf in seinem Kopf? Nur wieder Klappertöpfe, ihr Plapperköpfe"*, dichtete Heinrich Waggerl.

### Eibengewächse

Die Eibe *(Taxus baccata)* mit den unverwechselbar weichen Nadeln verlockt die Kinder mit ihren roten Beeren. Vorsicht: Alle Teile der Eibe sind tödlich giftig – bis auf das schleimige Beerenfleisch. Aber schon der Samenkern, den das leuchtende Rot umhüllt, ist giftig, und wer gewährt, daß Kinder den nicht mitessen? Da sollte lieber der ganze Baum als sehr giftig erklärt werden. In neuerer Zeit spielt der Inhaltsstoff „Taxol" in der Krebstherapie eine wichtige Rolle. Das Wort Eibe kommt übrigens von althochdeutsch „iwa" und heißt Bogen, Armbrust. Mit Eibensaft vergiftete Pfeile wurden früher mit einer Armbrust aus Eibenholz verschossen.

### Schmetterlingsblütler

Zu dieser großen Pflanzenfamilie gehört der Goldregen *(Laburnum anagyroides)*. Seine prachtvollen Blütentrauben machen ihn zu einem häufig angepflanzten Garten- und Parkstrauch. In Südeuropa war sein Holz wegen seiner wunderschönen Maserung sehr beliebt, für Drechslerarbeiten oder zum Bau von Musikinstrumenten. Sein Gift Cytisin ist dem Nikotin sehr verwandt, so daß schon in früheren Zeiten durch den Gebrauch als Tabakersatz schwere Vergiftungen vorkamen. Außerordentlich giftig sind seine Samen, ca. 15 wirken tödlich für Erwachsene. Goldregensträucher gehören nicht in die Nähe von Kinderspielplätzen!

Ganz ähnlich wirken die verwandten Sträucher Blasen- *(Colutea arborescens)* und Erbsenstrauch *(Caragana arborescens)* und Färberginster *(Genista tinctoria)*. Der Besenginster *(Sarothamnus* oder *Cytius scoparius)* ist in der Heilkunde bekannt, sein Inhaltsstoff Spartein hilft, Unregelmäßigkeiten des

Herzschlags zu beheben. Von den verwandten Lupinen *(Lupinus)* sind hauptsächlich die grünen Samen leicht giftig.

Die Robinie *(Robinia pseudoacacia)* wird auch Scheinakazie genannt, denn ihre Blätter sind denen der Akazie ähnlich. Aus Nordamerika kommend, wurde sie bei uns vermehrt angebaut, um Dünen oder Hecken durch ihr kräftiges Wurzelwerk schnell zu befestigen. In Städten ist die schnellwüchsige Pflanze beliebt, weil sie Autoabgase verträgt und gegen Fäulnis und Insektenfraß immun ist. Deshalb wird ihr Holz für Tief- und Wasserbau gebraucht. Bei Ökologen sind solche „Neophyten" inzwischen nicht mehr so beliebt, weil sie heimische ökologische Uferbefestigungen behindern, schützenswerte Magerrasen durch ihr Vermögen, Stickstoff zu binden, überdüngen und dadurch heimische Arten verdrängen. Die Robinie betört zur Blütezeit mit wunderbarem Duft. Die Blüten sind eßbar und als Würze bekannt, doch Samen, Rinde, Hülsen und Blätter sind durch toxische Eiweiße schwachgiftig.

Bohnen *(Phaseolus vulgaris)*, ebenfalls Schmetterlingsblütler, sind im rohen Zustand stark giftig. Das „Phasin" wird jedoch durch das Kochen zerstört, so daß ein Bohnengemüse eine gesunde Ernährung ist. Doch Kinder sind unbedingt zu warnen vor dem Genuß der rohen, hübschen Bohnenkerne, mit denen so schöne Ketten gebastelt werden können.

## Spindelstrauchgewächse

Die wunderschönen Beeren des Pfaffenhütchens *(Euonymus europaeus)* mit der karminroten Kapsel und dem leuchtend orangefarbenen Samenmantel sind stark giftig; wenige Früchte schon sind tödlich! Trügerisch mag sein, daß Vergiftungserscheinungen erst ca. 15 Stunden nach der Einnahme auftreten, wenn niemand mehr an das schöne Früchtchen denkt.

## Wolfsmilchgewächse

Von dieser Pflanzenfamilie gibt es fast 700 Arten. Sie alle beinhalten Harze und einen Milchsaft, der sowohl äußerlich als auch innerlich haut- und schleimhautreizend wirkt. Der große einjährige Rizinus *(Ricinus communis)* und die Kroton-Zimmerpflanzen *(Croton)* enthalten schwer giftige Samen (ein einziger kann schon tödlich sein!). Auch wenn Rizinusöl (das nicht giftig ist, weil die toxischen Eiweißstoffe herausgepreßt worden sind) als Abführmittel bekannt ist und die Krotonarten als Zimmerpflanzen beliebt sind, muß vor diesen Pflanzen gewarnt werden. Die attraktiven Krotonblätter enthalten außerdem einen stark hautreizenden Milchsaft. Der ätzende Saft der Wolfsmilchgewächse ist vor allem für die Augen gefährlich. Vorsicht also in der Wohnung bei Topfpflanzen wie Christusdorn und Weihnachtsstern oder der zur Weihnachtszeit beliebten hübschen rutenförmigen „Euphorbia fulgens" als „Vasenpflanze". In der freien Natur kommen bei uns Zypressen- *(Euphorbia cyparissias)* – und Sonnwendwolfsmilch *(Euphorbia helioscopia)* besonders häufig vor. Das im Frühling den Waldboden bedeckende Bingelkraut *(Mercurialis perennis)* enthält als Ausnahme keinen Milchsaft, gehört aber dennoch zu den giftigen Wolfsmilchgewächsen.

### Doldenblütlerfamilie

Diese Pflanzenfamilie bringt jeden Botaniker zur Verzweiflung – zu vielfältig und sehr schwer zu unterscheiden sind die vielen Arten und nur an den Früchten ganz genau zu erkennen. Wer gerne sammeln geht, muß bei allen Doldengewächsen doppelte Vorsicht walten lassen und sich mehr als 100% sicher sein. Petersilie, Möhre, Kümmel, Fenchel, Anis, Pastinake, Sellerie und Maggikraut und viele andere Pflanzen dieser Familie gehören zu unserer täglichen Ernährung als Wurzel- oder Blattgemüse, als Tee oder als Gewürz und sind bekannt. Doch der tödlich giftige Schierling *(Conium maculatum)* sieht dem Wiesenkerbel sehr ähnlich, und die giftige Hundspetersilie *(Aethusa cynapium)* könnte mit einer jungen Petersilie verwechselt werden. (Deswegen wurde übrigens die krausblättrige Petersilie gezüchtet, die allerdings nach einiger Zeit auch wieder zu verwechselnde glattere Blätter hervorbringt.) Hier bringen Geruch und Blütenfarbe Sicherheit: Hundspetersilie riecht nach Knoblauch und blüht weiß, Gartenpetersilie riecht stark würzig und blüht gelbgrün. Daß der Riesenbärenklau schwere Verbrennungen mit Blasenbildung macht, ist im Kapitel „Globetrotter" nachzulesen.

### Kürbisgewächse

Die Zaunrübe *(Bryonia)* hat sich häufig in unsere Städte verirrt und ist an Zäunen und Büschen anzutreffen. Es sind faszinierend rankende Kletterpflanzen. Bis zu 4 m hoch winden sie sich mit ihren efeuähnlichen Blättern. Die Beobachtung der Blattranken können Kinder begeistern: zuerst gerade ausgestreckt, suchen sie mit kreisenden Bewegungen eine Stütze. (Wer Geduld hat, hält einen dünnen Gegenstand in die Nähe und schaut zu.) Hat die Ranke Kontakt mit einem dünnen Gegenstand, wächst das der Berührungsstelle gegenüberliegende Pflanzengewebe, und die Ranke wickelt sich mehrmals um die Stütze. Der freie Rankenteil rollt sich spiralförmig auf, und so entsteht eine elastische, kaum mehr lösbare Verbindung. Die leuchtend roten *(Bryonia dioica)* Beeren sind allerdings sehr giftig, der Wurzelsaft verursacht Hautreizungen!

### Seidelbastgewächse

Der Seidelbast *(Daphne mezereum),* ein rosa-rot leuchtender Frühlingsanzeiger im Februar, wächst nicht nur wild in Laub- und Nadelmischwäldern, sondern immer häufiger als beliebte Zierform in heimischen Gärten. Alle Teile dieser streng geschützten Pflanze sind sehr giftig, selbst der Saft auf unverletzter Haut oder der Staub getrockneter Pflanzenteile!

### Heidekrautgewächse

Der Rhododendron *(Rhododendron ponticum)* als Stolz vieler Gärten und die Azalee im Wohnzimmer sind blütenreiche und vielgestaltige, beliebte

Pflanzen, bei denen gelegentlich der aus den giftigen Pollen und dem Nektar gewonnene Honig zu Vergiftungen geführt hat.

### Hundsgiftgewächse

Der Oleander *(Nerium oleander)* und das Immergrün *(Vinca minor)* gehören zur Familie der Hundsgiftgewächse. Das Immergrün ist schwach giftig, während der Oleander zu den stark giftigen Pflanzen gehört. Am Abend verströmen seine Blüten einen betörenden Duft. Die Nachtfalter, die angelockt werden und sich den Nektar aufsaugen, sind für ihre Freßfeinde, die Vögel, ebenfalls giftig. Aus dem Mittelmeerraum ist die Giftwirkung dieses Oleanderhonigs schon seit der Odysseus-Sage bekannt.

### Geißblattgewächse

Alle drei Arten des Holunders gehören zu dieser Familie: der bekannte schwarze Holunder *(Sambucus nigra)*, der rote oder Traubenholunder *(Sambucus racemosa)* und der einjährige Zwergholunder *(Sambucus ebulus)*, auch Attich genannt. Um den schwarzen Holunder ranken sich viele Sagen und Märchen, dieser Strauch war hoch geachtet. Er war der Sitz der guten Hausgeister, der germanischen Göttin Freya geweiht, und durfte an keinem Gehöft fehlen. Die Redewendung „Vor dem Holunder zieh den Hut herunter" zeugt von seiner hohen Verehrung. Die Blüten als wohlschmeckender Fiebertee oder zu „Hollerküchel" ausgebacken und der Saft der reifen Beeren sind wohlbekannt.

Allerdings dürfen nur die ganz reifen (schwarzen) Beeren, und diese nur gekocht, gegessen werden. Das „Sambunigrin", ein Blausäure abspaltender Giftstoff, wird beim Kochen in eine ungiftige Form umgewandelt. Ein harzähnlicher Stoff, der zu üblem Erbrechen führt, baut sich ebenfalls beim Kochen ab. Der rote Holunder und der Zwerg-Holunder sind weniger gebräuchlich.

Die zwei Geißblattarten *Lonicera periclymenum*, rankend, und *Lonicera xylosteum*, auch „Heckenkirsche" genannt und nichtrankend, samt ihren reich-blütigen wohlduftenden Gartenverwandten Jelängerjelieber *(Lonicera caprifolium)* gehören zur gleichen Familie wie der Holunder.

Jelängerjelieber ist im Garten für die Liebeslaube geeignet, weil der betörende Blütenduft sich erst abends entfaltet. Im Wald gibt es rankende und nicht rankende Geißblattarten. Allen gemeinsam sind die johannisbeergroßen roten, gelben oder schwarzen, sehr verlockenden Früchte, oft zu zweien oder mehreren verbunden, die dem Geißblatt zum Namen „Heckenkirsche" verholfen haben. Achtung, sie sind giftig! Harmloser, aber auch nicht eßbar ist die verwandte Schneebeere *(Symphoricarpos albus)*, Kindern als laut platzende Knallerbse bekannt. Der austretende Saft kann Hautentzündungen auslösen. Der wollige und der gemeine Schneeball sind weitere Geißblattgewächse. Die Blütendolden ähneln Schneebällen und gaben diesen beiden sehr häufigen Sträuchern ihren Namen. Der gemeine Schneeball *(Viburnum opulus)* hat ahornförmige Blätter und scharlachrot-glasig-leuchtende, kugel-

runde fast erbsengroße Beeren. Als Trugdolde hängen sie noch am Strauch weit in den Winter hinein, wenn alle Blätter längst verwelkt sind. Der wollige Schneeball *(Viburnum lantana)* mit seinen oval-runzeligen, behaarten Blättern hat auffallend abgeflachte, zuerst rote, dann schwarze Beerendolden. Die Schneeballzüchtung „Roseum", die häufig bei uns anzutreffen ist mit ihren tennisballgroßen Schneeballblütenständen ist steril und fruchtet kaum, kann also nicht mit Beeren locken.
Alle Schneeballarten sind in Rinde, Blättern und Früchten leicht giftig.

### Liliengewächse

Das Maiglöckchen *(Convallaria majalis)* mit seinen nickenden weißen Blüten kennen wohl alle. Maiglöckchen sind sehr giftig, selbst ihr Blumenwasser. Also unbedingt die Hände waschen, wenn Maiglöckchen gepflückt werden! Verlockend wirken auch im Herbst die scharlachroten, erbsengroßen Früchte. In der Heilkunde gelten Maiglöckchen als Herzmedikament, ähnlich dem Fingerhut. In manchen Gegenden wachsen Maiglöckchen direkt neben dem Bärlauch, dessen Blätter ganz ähnlich aussehen. Bärlauch ist ein Knoblauch-Liliengewächs, man „riecht's ihm an", er schmeckt wunderbar und ist sehr gesund. Seine Blätter „duften" auffällig nach Knoblauch – die des Maiglöckchens aber nicht! Ein weiteres Unterscheidungsmerkmal ist die Blüte: Die Bärlauchblüte ist eine weiße Sternblüte, kein Glöckchen wie beim Maiglöckchen. Wer gerne Bärlauch sammelt, sollte aufpassen, genau hinsehen, und eine Geruchsprobe machen! Unter den Liliengewächsen ist das Maiglöckchen die bekannteste Giftpflanze.
Die Herbstzeitlose *(Colchicum autumnale)* scheint wirklich die Zeit verwechselt zu haben. Wie blattlose Krokusse überzieht sie im Herbst weite Flächen der feuchten Tal- und Sumpfwiesen mit ihrem zarten Lila. Im Frühjahr dagegen sind ihre drei tulpenähnlichen Blätter mit der am Blattgrund sitzenden Fruchtkapsel zu entdecken. Vorsicht, schwere Vergiftungen durch Herbstzeitlose (Blüten, Blätter, Samenkapseln und Knollen) sind leider nicht selten! Aus dem Wirkstoff „Colchicin" werden Medikamente zur Behandlung von Gicht und Leukämie hergestellt. Colchicin dient auch zur Herstellung neuer Pflanzenzüchtungen. Giftpflanzen aus der Lilienfamilie sind außerdem die Alpenpflanze Weißer Germer *(Veratrum album)*, die geschützte Schachblume *(Fritillaria meleagris)* und die attraktive Kaiserkrone *(Fritillaria imperialis)*, die gerne in Gärten gepflanzt werden, wie auch der hübsche Blaustern *(Scilla bifolia)*. In unseren Wäldern gehören dazu die auffallende Einbeere *(Paris quadrifolia)* und der Salomonssiegel *(Polygonatum odoratum)* mit jeweils blauen Beeren sowie die Vielblütige Weißwurz *(Polygonatum verticillatum)*, ebenfalls mit blauen Beeren, außerdem die Quirlblättrige Weißwurz *(Polygonatum multiflorum)* und das Schattenblümchen *(Maianthemum bifolium)* mit ihren roten Beeren.

### Schmerwurzfamilie

Die hübsche herzblättrige „deutsche Liane" Schmerwurz *(Tamus communis)* kommt in Deutschland nur an Mosel, Saar, Rhein und Bodensee vor, dort aber häufig an Hecken und Waldrändern. Die über 1 cm großen leuchtend roten Beeren haben schon oft zu Vergiftungen geführt.

### Agavenfamilie

Früher zählte der Bogenhanf *(Sansevieria trifasciata)* ebenfalls zur Lilienfamilie, heute wird er der Agavenfamilie zugerechnet. Die für uns als Zimmerpflanze überaus beliebte und häufige Sansevierie ist als giftig bekannt, übrigens auch für kleine Haustiere wie Hamster oder Mäuse.

### Aronstabgewächse

Diese Pflanzenfamilie begegnet uns häufiger, als allgemein angenommen wird. Der Aronstab *(Arum maculatum)* liebt warmfeuchten Boden im Laubwald und fällt schon im zeitigen Frühjahr mit seinen herz- oder pfeilförmigen großen Blättern auf. Charakteristisch für die ganze Familie ist der Blütenstand: Ein Kolben, umhüllt von einem an der Basis tütenförmig eingerollten weißlichgrünen Hüllblatt. Wenn eine Fliege in diese Kolbenhülle hineinkriecht, hält die Pflanze das Insekt solange eingesperrt, bis ihre Blüte bestäubt wurde. Erst danach öffnet sich die „Falle", und die Fliege kann wieder fortfliegen. Im Herbst entstehen als Ergebnis dieser intensiven Fallenaktivität am oberen Ende des Stengels lauter rote, giftige Beeren.

Eine Verwandte des Aronstabs, die schöne Calla oder Drachenwurz *(Calla palustris)*, kommt eher auf den feucht-sumpfigen Böden in nordeuropäischen Ländern vor. Im Süden Europas ist sie selten.

Ins Zimmer eingezogen sind bei uns weitere Aronstabgewächse: die Dieffenbachie, der Philodendron und die Monstera. Da sie in unseren Breiten selten zum Blühen kommen, sehen wir ihre Ähnlichkeit zur Aronstabblüte selten. Alle diese Pflanzen sind hautreizend. Katzenliebhaber müssen aufpassen: Wenn die Hauskatze davon nascht, kann sie unfruchtbar werden.

Die weiße Zimmercalla und die verschiedenfarbigen Anthurien (Flamingoblume) werden übrigens als nicht giftig eingestuft.

**Bei Vergiftungen sollte sofort der Arzt oder eine Gift-Notrufzentrale benachrichtigt werden. Heben Sie Pflanzenreste oder Erbrochenes auf, um die Giftpflanze identifizieren zu können.**

## Die wichtigsten Gift-Notrufzentralen Deutschland:

*Berlin,*
Landesberatungsstelle für Vergiftungserscheinungen
und Embryonaltoxikologie,
Tel. 030/19240

*Bonn,*
Informationszentrale gegen Vergiftungen,
Tel. 0228/2873211

*Erfurt,*
Giftinformationszentrum,
Tel. 0361/730730

*Freiburg,*
Informationszentrale für Vergiftungen,
Tel. 0761/2704361

*München,*
Giftnotruf,
Tel. 089/41402211

**Österreich:**
Rettungsdienst:
Tel. 144

Vergiftungsinformationszentrale Wien,
Tel. 01/4064343

**Schweiz:**
Rettungsdienst:
Tel. 144

Toxikologisches Informationszentrum Zürich,
Tel.01/2515151, 2516666

# Literatur

## Basteln und Werken

*Lloyd, Elizabeth Jane*: Zauberhafte Kränze. Ideen und Anleitungen für 100 alte und neue Kränze. Mosaik Verlag, München 1991.
*Newdick, Jane:* Blumenfreude, Herder Verlag, Freiburg 1990.
*Stöcklin-Meier, Susanne:* Naturspielzeug. Otto Maier Verlag, Ravensburg 1987.

## Botanik

*Buff/Dunk:* Giftpflanzen in Natur und Garten, Paul Parey Verlag, Berlin/Hamburg 1988.
Neophytenbroschüren der Stadt Freiburg: Eigenvertrieb Stadtentwässerung, Frau Hella Heuer, Sundgauallee 25, 79114 Freiburg.
*Vedel/Lange:* Bäume und Sträucher, Otto Maier Verlag, Ravensburg 1965.

## Brauchtum

*Schaufelberger, Hildegard:* Alte und neue Bräuche im Kindergartenalltag, Praxisbuch Kindergarten, Herder Verlag, Freiburg 1993.

## Garten

*Buch, Walter:* Der Regenwurm im Garten. Ulmer Taschenbuch, Stuttgart 1986.
*Howard, Mario:* Mischkulturen auf Flach- und Hügelbeeten, BLV, München 1985.
*Köchel, Christoph* und *Maria*: Kübelpflanzen. Der Traum vom Süden, BLV, München – Wien – Zürich 1990.
*Kreuter, Marie-Luise:* Der Biogarten, BLV, München – Wien – Zürich 1993.
*Liebster, Günther:* Heilkraft aus dem Garten, Pawlak Verlagsgesellsch. mbH, Herrsching 1991.
*Niemeyer-Lüllwitz, A./Hoff, M.:* Das Gartenbuch für Städter, Naturbuchverlag, Augsburg 1993.
*Witt, Reinhard:* Naturoase Wildgarten, BLV, München 1993.

### Gärtnern mit Kindern

*Anderson, Lena/Frank, Karlhans:* Majas kleiner Garten, C. Bertelsmann, München 1988.

*Björk, Christina/Anderson, Lena:* Die schnellste Bohne der Stadt, C. Bertelsmann, München 1980.

*Dietel, Günther:* Kinder Gärten Natur. Anregungen zum Gärtnern mit Kindern, Luchterhand, Neuwied 1994.

Naturkindergarten. Ein Materialheft für Kindergärten. Hrsg. Naturschutzzentrum NRW, Leibnitzstr. 10, 4350 Recklinghausen.

Naturspielräume für Kinder. Eine Arbeitshilfe zur Gestaltung naturnaher Spielräume an Kindergärten und anderswo. Broschüre des Naturschutzzentrums NRW, Bezug s.o.

*Oberholzer, Alex/Lässer, Lore:* Gärten für Kinder, Verlag Eugen Ulmer, Stuttgart 1991.

*Wagner, Richard:* Naturspielräume gestalten und erleben, Ökotopia Verlag, Münster 1995.


### Giftpflanzen

*Buff, Wolfram/Dunk, Klaus von der:* „Giftpflanzen in Natur und Garten", Verlag Paul Parey, Berlin/Hamburg 1988.

*Frohne, Dr. D./ Pfänder, H.J.:* „Giftpflanzen", Wissenschaftliche Verlagsgesellschaft, Stuttgart 1982.

*Oberdisse, U.:* Vergiftungen im Kindesalter, Enke-Verlag, Stuttgart 1986.

*Vorsicht Gift,* Information über giftige Pflanzen, vom Ministerium für Arbeit, Gesundheit und Sozialordnung Baden-Württemberg in Stuttgart.


### Heilpflanzen und Wildgemüse

*Bocksch, Manfred:* Heilpflanzen, Büchergilde Gutenberg, BLV, München 1989.

*Bühring, Ursel:* Aus Freyas Zaubergarten, Edition Achillea, (erhältlich: bei der Autorin, 79102 Freiburg, Talstr. 58), Freiburg 1992.

*dies.:* Hagedorn und Hopfenkranz, Edition Achillea, Freiburg 1993.

*dies.:* Wiesenschaum und Bärenklau, Edition Achillea, Freiburg 1992.

*dies.:* Wilder Zimt und Sonnenbraut, Edition Achillea, Freiburg 1992.

*Fischer, Susanne:* Medizin der Erde, Hugendubelverlag, München 1984.

*Poletti, Aldo – Schilcher, Prof. Dr. Heinz – Müller, Dr. Alfred:* Heilkräftige Pflanzen, Hädecke Verlag, Weil der Stadt 1990.

*Schneider, Dr. E. – Simon, Dr. F.X. – Funke, Hans:* Nachtkerzenöl, Verlag Natur und Gesundheit, Bruckmühl 1994.

*Vonarburg, Bruno,* Natürlich gesund mit Heilpflanzen, AT Verlag, Aarau (Schweiz) 1988.

### Natur- und Umweltpädagogik

*Bartl, Almuth* und *Manfred*: Umweltspiele noch und noch. Tolle Spielideen für drinnen und draußen, Herder Verlag, Freiburg 1990.

*Cornell, Josef:* Mit Freude die Natur erleben, Mühlheim 1991.

*ders.:* Mit Kindern die Natur erleben, Mühlheim 1991.

*Forkel, Jürgen:* Stadtsafari. Natur erleben in der Stadt, Verlag an der Ruhr 1993.

*Frädrich, Jana/Löwenfeld, Marion:* Kinder, Umwelt und Natur. Otto Maier Verlag, Ravensburg 1994.

*Kalff, Michael/ Bühring, Ursel u.a.:* Handbuch zur Natur- und Umweltpädagogik, G.A. Ulmer Verlag, Tuningen 1994.

*Knauer, Raingard/Brandt, Petra:* Ich schütze nur, was ich liebe, Herder Verlag, Freiburg 1995.

*Knirsch, Rudolf:* Unsere Umwelt entdecken. Spiele und Experimente für Eltern und Kinder, Frankfurt a.M. 1988.

*Mönkemeyer, Karin:* Mit Kindern Natur und Umwelt entdecken. 4 Bde.: Frühjahr, Sommer, Herbst und Winter. Rowohlt TB, Reinbek 1991.

Spiel: Underground. Ökologie der Bodenlebewesen. AUKAMM-Naturerlebnistal 1995.

*Svedberg, Ulf/Anderson, Lena:* Maja. Auf der Spur der Natur, C. Bertelsmann, München 1984.

*Walter, Karin/Kolb, Arno:* Mein Baum. Rotfuchs-Sachbuch, Rowohlt TB, Reinbek 1994.

### Naturführer

*Dreyer, Eva und Wolfgang:* Der Kosmos-Waldführer, Franckh-Kosmos Verlags-GmbH & Co., Stuttgart 1990.

### Tierführer für besonders Interessierte

*Chinery, Michael:* Pareys Buch der Insekten. Blackwell Wissenschafts-Verlag GmbH, Berlin [2]1993.

*Imammori, Mitsuhiko:* Das Leben der Insekten. Otto Maier Verlag, Ravensburg 1992

*Ludwig, Herbert W.:* Tiere unserer Gewässer, BLV, München 1989.

*Thompson, Gerald/Coldrey Jennifer/Bernard, George:* Der Teich. Franckhsche Verlagsbuchhandlung, Stuttgart 1986.

# Adressen von Verbänden und Institutionen

Freiburger Ökostation
Im Seepark
Falkenbergerstr. 21b
79110 Freiburg

Bund für Umwelt- und Naturschutz Deutschland (BUND)
Im Rheingarten 7
53225 Bonn

BUNDjugend
Friedrich-Breuerstr. 86
53225 Bonn

Naturschutzbund Deutschland
Am Michaelshof 8–10
53177 Bonn

Greenpeace
Vorsetzen 53
20459 Hamburg

Naturfreundejugend Deutschland
Haus Humboldstein
OP Rolandseck
53424 Remagen

Arbeitsgemeinschaft Natur- und Umwelterziehung ANU Sitz:
Biologiezentrum Bustedt
Gutsweg 35
32120 Hiddenhausen
Herausgeber einer Dokumentation
über sämtliche Umweltzentren Deutschlands